最受欢迎的德国幼儿游戏

感知觉训练游戏

[德]安德烈亚·埃克尔特　著

[德]克劳斯·普特　米尔海姆　绘

尹倩　译

适用于幼儿园、托幼机构和小·学

中国农业出版社

最受欢迎的德国幼儿游戏

感知觉训练游戏

[德]安德烈亚·埃克尔特 著

[德]克劳斯·普特 米尔海姆 绘

尹倩 译

适用于幼儿园、托幼机构和小学

前 言

在游戏中轻松促进感知

不可否认，电脑、电视等电子物品已经是孩子和我们日常生活的一部分。与此相对，孩子们可以自在游戏、探索、研究、逗留的绿地和其他自然空间少之又少。正是这一原因，越来越多的孩子在堆满玩具的儿童房中长时间被动地坐着，在电视屏幕前打发无尽的时间。我们完全无须惊讶，这已是成人不能忽视的事实。但问题是，在看电视的过程中，孩子们调动的感官仅仅为视觉和听觉，而触觉、动觉以及平衡能力的练习则完全被忽略。

这样的情境会给孩子带来很多负面影响。如此长大的孩子会在学习书写、阅读、计算等文化技能时表现出现较为严重的学习障碍。比如许多孩子会表现得焦躁多动、无法集中精力。

直接的感官体验

如果孩子从小就能按照个人的节奏亲自完成各种重要的体验，那么他就能调动所有感官投入学习。为此，成人要给孩子们提供一个非常吸引人的环境和多种合理有意义的活动。这样的环境和活动，可以使孩子在游戏中对自身以及周围的环境有更加深入的认识和了解。孩子亲眼目睹或亲身参与活动、在活动中和同伴进行语言交流，这正是促进孩子语言理解能力和语言表达能力发展的理想方法。

本书要为读者呈现的是，成人如何在不同方面促进 3 至 10 岁孩子的感知能力并为孩子未来的整体发展提供支持。

为了达到这一目的，本书列出了一些具有实践意义的游戏，这些游戏能够调动孩子的视觉、听觉、嗅觉、味觉、触觉，和丰富的身体体验。

● 听觉（听力感知）

● 视觉（视觉感知）

● 触觉（触觉感知）

● 嗅觉及味觉（嗅觉感知及味觉感知）

● 运动和静止（运动感知）

● 平衡感（前庭功能感知）

本书所有的章节都包含游戏小提示、有用的建议及窍门。另外，每章中游戏的顺序编排并无特别意义。在编排这些促进认知的游戏时，著者更多考虑的是如何让孩子交替运用各种感官。

本书每个游戏都配有年龄说明、大概的游戏时长以及游戏所需材料等信息。通常，我们在幼儿园、家里以及自然环境中都能很容易地找到这些游戏材料。

此外，书中的游戏特别强调所有孩子可以以任何一种方式主动地参与到游戏中。这样一来，孩子在任何时候都能表现得非常积极，有意识地在游戏中体会各种感觉，并使各种感知机能变得更加灵敏。

最后，我祝愿各位小朋友一边看、一边听、一边触摸，一边享受游戏的乐趣……

安德烈亚·埃克尔特

目　录

在游戏中倾听、区分和感知

促进听觉感知

我们的耳朵是高效而又敏感的感觉器官、一刻不停地在工作。但是,当过多声音刺激涌向孩子时,他就无法有意识地专注于一件事。此外,还有一些孩子因为慢性中耳炎而听力较差或因意外丧失了听力, 这些孩子通常无法正确表达自己的所思所想。

为了对抗每天如潮水般涌来的各种声音刺激、并确定孩子的听力是否存在障碍,听觉游戏是最佳的选择。听觉游戏能使孩子们真正地去倾听,有区别地感知声音,并善待自己的耳朵。

谁在和我打招呼？

年　　龄： 3 岁及以上
游戏人数： 至少 6 人
游戏时长： 大约 5 分钟
游戏材料： 眼罩、手鼓

　　一名小朋友蒙住眼睛，其他小朋友手拉手，将蒙住眼睛的孩子围在中间并绕圈走动。只要游戏引导员（如老师）用力击鼓，所有小朋友就要停住脚步、静止不动。现在，游戏引导员任意指向其中一名小朋友，这名小朋友就要走向眼睛被蒙住的孩子，然后在他身边大喊几声"你好"。接下来，被蒙住眼睛的小朋友要作出回应，并试着猜测问候他的是哪位小朋友。如果猜对了，两个孩子就互换位置，如果猜错了还可以再猜一次。

　　　　如果孩子无法正确定位声音的来源，那对他而言，在一个多人对话的环境中就很难做到专心地倾听对方，进而可能会错误地理解、甚至漏听若干单词或者一整句话。

丛林之声

年　　龄： 5 岁及以上
游戏人数： 至少 6 人
游戏时长： 大约 5 分钟
游戏材料： 眼罩

　　小朋友们在丛林中一片开阔的场地散步。当游戏引导员大喊一声"停"时，所有孩子就要停住脚步，然后发出各种声响，比如用木棍敲击树根或树皮、相互敲打两块石头等。之后，孩子们围成一个圆圈，并选出一名小朋友作为"音响师"，其余孩子则相互蒙住眼睛。接下来，被推选出的"音响师"任意发出一种声音，比如在手中摩擦几片树叶。哪个小朋友知道"音响师"的位置？孩子们可以用手指出自己所猜测的方向。为了检验正误，孩子们可以摘下眼罩查看。现在，大家就要按照顺序模仿"音响师"刚才发出的声音了。为了检验大家的模仿效果，"音响师"需要再重复一遍刚才的声响，然后选出另外一名小朋友和自己互换位置。几个回合之后，游戏结束。

听声辨音

年　　龄：4 岁及以上
游戏人数：至少 6 人
游戏时长：3~5 分钟
游戏材料：眼罩

　　游戏引导员选出一名小朋友，蒙住他的眼睛，并示意其他小朋友围成一个大圆圈，将眼睛被蒙住的小朋友围在中间。现在，游戏引导员指向另外一名小朋友。被点到的孩子要发出任何一种声音，比如拍手、打响指或在原地蹦跳。眼睛被蒙住的小朋友试着向发出声音的孩子走去。如果他走向了另外一名小朋友，该小朋友就要发出"呜呜"声提醒他走错了方向。如果他找到了发出声音的孩子，那么二人就要互换位置，游戏重新开始。

变换方向

年　　龄：4 岁以上
游戏人数：6 名以上
游戏时长：3~5 分钟

　　所有小朋友排成一个长队，保持安静、向前行走。站在队尾的孩子任意选择一个时刻使劲拍手。听到拍手声，其他小朋友就要立刻转身，跟着原来是队尾、现在是队首的孩子向前走。

　　如若现在站在队尾的小朋友击掌，其他孩子同样也要转身跟在他身后走。两三个回合之后，大家重新选出两名小朋友，分别站在队首和队尾。

热闹的呼啦圈

年　　龄：5 岁及以上
游戏人数：至少 7 人
游戏时长：大约 10 分钟
游戏材料：眼罩、呼啦圈

　　游戏引导员首先选出一名小朋友，其他孩子用自己的呼啦圈围成一个大圆圈。被选出的小朋友走到圆圈中央，其他孩子跪在自己的呼啦圈后快速想出一种声音，然后相互做一个简短的介绍（比如用拳敲击地面、用手拍打大腿或者用舌头打出响声）。接下来，游戏引导员用眼罩蒙住被选出的孩子的眼睛，并把他引向任意一个呼啦圈。现在，跪在呼啦圈后面的小朋友要示范一遍自己想出的声音。如果眼睛被蒙住的小朋友能模仿出、甚至能辨别出这一声音，就可以转而走向另一个呼啦圈，然后继续猜测。如果眼睛被蒙住的小朋友未能猜对，他就要和呼啦圈后面的小朋友互换位置，接着再想出一种声音。哪个小朋友能走完所有的呼啦圈、猜对所有的声音呢？

　　特别是年龄偏小的孩子，如果眼睛被蒙住，非常容易会产生恐惧感。因为，当他们最重要的感知器官被蒙住后，就会感到对周围的环境失去了控制。相对于用眼罩蒙住眼睛，也许闭上眼睛或者用手蒙住眼睛对年幼的孩子来说更容易接受。游戏引导员可能还要考虑到，如果被选中的小朋友感到害怕、拒绝游戏，那么可以让其他的小朋友先出列游戏，同时那个放弃游戏的孩子可以自己决定何时参加游戏。

"咔嚓咔嚓"火车来了

年　　龄：5 岁及以上
游戏人数：至少 6 人
游戏时长：3~5 分钟
游戏材料：眼罩

　　一名小朋友出列，剩下所有孩子围成一个大圆圈，游戏引导员将他们的眼睛蒙住。出列的那名小朋友扮演一个旧火车头，在其他孩子的周围来回穿梭，并模仿火车头的声音（咔嚓咔嚓）。接下来，他任意选择一个时间停下、默不作声。"火车"到哪儿了呢？认为"火车"在他们之间的小朋友可以举手示意，然后在游戏引导员的指令下摘下眼罩，看看自己是否猜对。下面，由另外一名小朋友扮演火车头继续游戏。

声音大？声音小？

年　　龄：3 岁及以上
游戏人数：至少 3 人
游戏时长：3~5 分钟
游戏材料：手鼓

　　游戏引导员轻轻拍打手鼓，所有小朋友随着鼓声的节奏在室内移动，鼓声可快可慢。但只要游戏引导员开始猛击手鼓，所有小朋友就要立刻蹲下。反应正确且最为迅速的小朋友可以接过手鼓，继续游戏。几轮之后，游戏结束。

　　游戏的变化形式：所有小朋友在室内缓慢行走，只要游戏引导员轻轻拍击手鼓，他们就要停下脚步。反应尤为迅速的小朋友可以接过手鼓，开始下一轮游戏。

辨声猜物

年　　龄：5 岁及以上
游戏人数：至少 6 人
游戏时长：大约 10 分钟
游戏材料：眼罩、各种自然中的物品（比如两根小木棍、两块石头、一节树干、一个松塔和若干树叶）

　　游戏引导员将一些自然中的物品放在桌子上，小朋友们围着桌子坐好。引导员将大家的眼睛蒙住，然后发出声响，比如用木棍敲击桌面。接下来，引导员将木棍重新放到桌子上，并大声说"这是什么"。听到这句话后，所有孩子摘下眼罩，快速用手去触碰他们认为刚才发出声响的物品，最快做出正确反应的小朋友就可以扮演引导员的角色了。当其他孩子重新蒙上眼睛后，他们就可以开始新一轮的游戏。

谁在低声念我的名字?

年　　龄：3 岁及以上
游戏人数：至少 6 人
游戏时长：大约 5 分钟
游戏材料：眼罩

一名小朋友出列其他孩子围坐成一圈。出列的孩子走到圆圈中间。游戏引导员将他的眼睛蒙住，并选出另外一名小朋友。当游戏引导员发出"开始"的信号指示，除了后来出列的那名小朋友，其他孩子都要不停地、轻声地重复自己的名字，后来出列的那名小朋友则要低声说出眼睛被蒙住的那个孩子的名字。眼睛被蒙住的孩子要竖起耳朵找到念出自己名字的家伙。只要他认为自己站到了目标前面，就可以取下眼罩。如果他的选择是正确的，就可以指定另外一个小朋友在下一轮游戏中蒙上眼睛，否则他还得继续游戏。

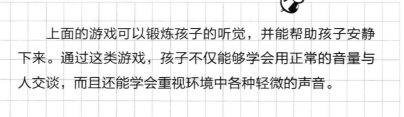

上面的游戏可以锻炼孩子的听觉，并能帮助孩子安静下来。通过这类游戏，孩子不仅能够学会用正常的音量与人交谈，而且还能学会重视环境中各种轻微的声音。

音符杯垫

年　　龄：7 岁及以上

游戏人数：至少 2 人

游戏时长：大约 10 分钟

游戏材料：24 个啤酒杯垫、眼罩、1 支油
性笔、4 到 6 种不同的乐器
（比如手鼓、三角铁、笛子、
口琴等）

　　小朋友们选出 20 个杯垫并画上任意一个音符，剩下 4 个杯垫空着什么都不画，然后将杯垫相互叠放在一起。需要注意的是，画有音符的一面朝下。接下来，任意一名小朋友取走最上面的那个杯垫，并把它翻过来。如果杯垫上没有音符，那么就把它放到整摞杯垫的最下面。接下来，坐在这名小朋友左侧的孩子继续这一游戏。如果杯垫上画有音符，那么他就要将眼睛蒙住。另一名小朋友选出一种乐器并简单地演奏一下。蒙住眼睛的小朋友试着说出乐器的名字，然后就可以取下眼罩，检查自己的回答是否正确。如果回答正确，那么他就可以收起这张画有音符的杯垫；如果回答的不正确，那么就把杯垫叠放在最下面。下面，就轮到坐在他左侧的小朋友了。当所有画有音符的杯垫都被分发完毕后，小朋友们就可以数一数，看看谁获得的杯垫最多。

　　小提示：游戏引导员给小朋友们展示乐谱，并向他们解释每个音符的音高和音长。

聆听 & 表达

年　　龄：6 岁及以上
游戏人数：至少 6 人
游戏时长：5~10 分钟
游戏材料：音钵、手鼓、雨棒等

　　小朋友们围坐成一圈，认真思考哪种乐器与哪种天气最匹配。除此之外，他们还要思考如何将相对应的天气用肢体语言表达出来。比如我们可以做如下约定：

- 音钵 = 阳光 = 平铺手掌，五指伸直
- 雨棒 = 雨 = 用指尖轻叩头部
- 手鼓 = 龙卷风 = 原地旋转

　　接下来所有小朋友站起身来，在室内慢慢走动。只要游戏引导员发号示令，比如晃动雨棒，所有小朋友就要停下脚步，用手指轻叩头部。反应最快、动作最准的小朋友就可以在下一轮游戏中选择另一种乐器并充当游戏引导员的角色。

那是谁在叫？

年　　龄：4 岁及以上
游戏人数：至少 3 人
游戏时长：约 10 分钟
游戏材料：12 张动物卡片、彩笔、6 枚游戏卡

　　小朋友们将 12 张动物卡片摊在桌子上，每张卡片上都印有一个孩子们喜欢的动物。游戏引导员交给其中一名小朋友 6 枚游戏卡，这名小朋友现在可以模仿卡片上任意一种动物的叫声，最快猜出这种动物名字的小朋友就可以获得一枚游戏卡。手持游戏卡的小朋友再以同样的方式模仿另一种动物的叫声。当他分发完所有游戏卡片后，游戏结束。哪位小朋友获得的游戏卡最多，他就是游戏的获胜者！

小窍门：如果有机会，小朋友们可以在森林或草原散步，认真倾听动物们的叫声。鸟儿、蜜蜂、蟋蟀的叫声听起来是怎样的？如果孩子十分了解自然界中的动物，那么模仿动物叫声时也会格外投入，惟妙惟肖。

狮子在哪里？

年　　龄：6 岁及以上
游戏人数：至少 6 人
游戏时长：3~5 分钟
游戏材料：眼罩、魔法棒

小朋友们先围成一圈，然后一名"勇敢"的孩子（可以由大家推选，也可以自告奋勇）跪在圆圈中间，游戏引导员将其眼睛蒙住。接下来，游戏引导员用魔法棒指向另外一名小朋友，被指到的小朋友要扮演狮子。他张牙舞爪、咬牙切齿，在圆圈中间爬行，最后来到眼睛被蒙住的小勇士身边。但是只要游戏引导员一挥魔棒，大喊一声咒语，"狮子"就要定住不动。现在"狮子"在哪里呢？在小勇士的前面、旁边还是后面？小勇士试着回答这一问题，然后可以摘下眼罩查看自己的回答正确与否。接下来，由另外两名小朋友分别扮演狮子和接受挑战的小勇士，继续新一轮的游戏。

请问，哪条路通向大海？

年　　龄：5 岁及以上
游戏人数：至少 6 人
游戏时长：3~5 分钟
游戏材料：浪声鼓（或者雨棒、摇鼓等）、眼罩

一名小朋友出列，其他孩子围成一圈、每人一个眼罩。出列的那名孩子拿起浪声鼓，在场地中间来回慢走。当其他小朋友的眼睛被蒙住之后，手持浪声鼓的孩子敲响手中的鼓，鼓声听起来就像海浪阵阵。接下来，这名小朋友轻手轻脚地走到圆圈中央，然后问大家："请问，哪条路通向大海？"这时，其他小朋友摘下眼罩，走到自己认为刚才鼓声响起的位置上。为了告诉大家正确的答案，持鼓的小朋友重新回到刚才的位置上，再次敲鼓模拟海浪声。猜对或答案接近的小朋友可以接过浪声鼓，重新开始游戏。

游戏的变化形式：我们也可以用雨棒或其他打击乐器来代替浪声鼓。手持乐器的小朋友也可以这样发问："请问，哪条路通向淋浴器？"

绘画可以加深听觉印象。如果绘画时伴有音乐，那么孩子会将自己融入到音乐中，并随着音乐的节奏画出圆形、波浪线、蛇形曲线以及更多的图形。

声音之图

年　　龄：5 岁及以上
游戏人数：至少 1 人
游戏时长：大约 10 分钟
游戏材料：红色、黄色及蓝色的水彩，音钵，每个小朋友 1 张白色 A3 纸、1 支
　　　　　　毛笔和 1 个颜料盘

　　所有的小朋友围坐在桌子前，每人一张 A3 纸、一支毛笔和一个颜料盘。他们先将毛笔在水中浸湿，然后任意蘸染一种颜色。现在，游戏开始。

　　游戏引导员用小槌敲击音钵，孩子们则以纸张中心为起点用毛笔画螺旋状线条，直到听不到音钵的响声为止，然后换另一种颜色的水彩重新开始游戏。因为小朋友们在新一轮游戏中要使用另一种颜色的水彩涂描原有的螺纹线，所以会出现混合色。游戏以同样的方式重复游戏两至三次，最后所有小朋友起立，绕着桌边欣赏一幅幅"声音之图"。

声音侦探

年　　龄：5 岁及以上
游戏人数：至少 6 人
游戏时长：大约 5 分钟
游戏材料：眼罩

　　所有小朋友在空旷的游戏场地上分散开来。游戏引导员任意选择一名小朋友、给他蒙上眼罩，让他扮演"声音小侦探"。整个游戏过程如下：

　　任意一名小朋友一边用手不停拍打大腿，一边走向另外一名小朋友。当前者停住脚步、停止拍打时，后者以同样的方式继续游戏。游戏以同样的方式不停继续，直到游戏引导员大喊"停止"！所有小朋友瞬间停止动作，就像被施了定身咒一般。接着蒙着眼罩的声音小侦探就要摘下眼罩、试着找出最后一名拍打大腿的小朋友。接下来，就要蒙住这位小朋友的眼睛开始新一轮游戏。

　　小提示：倾听游戏应该在空旷的场地开展，这样被蒙住眼睛的孩子才能更容易地辨别出声源方向。

在游戏中寻找、观察和理解

促进视觉感知

我们非常信任眼睛看到的事物,因为视觉信息对我们而言是最值得信赖的。但对视觉感知受到干扰的孩子而言情况有所不同,比如他们会忽视有可能绊倒他们的障碍物。此外,如果孩子看电视过多,视觉感知也会受到影响,他们会因此表现得过于激动,而且比较好斗。

下面的游戏将给孩子们提供很多机会,让他们仔细地观察、比较和理解不同的事物。通过这些游戏,孩子们不仅能学会更好地认识自己、了解他人,还将学会有意识地观察和理解周围环境中许多原本未曾关注的微小事物。

谁发现了松塔？

年　　龄：7 岁及以上
游戏人数：至少 4 人（人数为偶数）
游戏时长：5~10 分钟
游戏材料：跑表

　　小朋友们在森林中分成人数相同的两组，并商定划好一定的区域作为游戏场地。接下来，游戏引导员说出一种物品的名称，比如松塔，游戏引导员自己在游戏场地中就能看到一个或多个这种物品。

　　接下来，所有小朋友开始寻找指定的物品。在寻找的过程中，他们有可能会找到一个或多个这样的物品。大概一分钟后游戏告一段落，此时两组小朋友就要展示并清点自己收获的物品了。哪一组找到的规定物品更多？在下一轮游戏中，两组小朋友要尝试挑战另一种物品。

我喜欢做什么？

年　　龄：6 岁及以上
游戏人数：至少 5 人
游戏时长：5~10 分钟
游戏材料：游戏卡

　　小朋友们围成一圈。游戏从其中一名小朋友开始，他要用肢体语言向大家介绍自己的兴趣爱好。哪位小朋友认为自己猜到了答案，就可以举手示意。如果这个小朋友回答正确，就可以获得一枚游戏卡。接下来，轮到下一个小朋友表演自己的喜好了。当所有小朋友都"表演"完毕，游戏引导员就要清点孩子们的游戏卡了。获得游戏卡数最多的小朋友就是本场游戏的冠军。

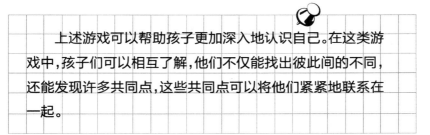

上述游戏可以帮助孩子更加深入地认识自己。在这类游戏中，孩子们可以相互了解，他们不仅能找出彼此间的不同，还能发现许多共同点，这些共同点可以将他们紧紧地联系在一起。

这是我的影子吗？

年　　龄：5 岁及以上
游戏人数：至少 10 人
游戏时长：大约 5 分钟

　　小朋友们围成一个大圈。游戏引导员发出"开始"的命令，所有小朋友就可以随意活动，比如像提线玩偶一样跳起来、单腿蹦或者以自身为轴旋转。与此同时，他们也要观察其他小朋友。接下来，游戏引导员任意轻拍一名小朋友的后背，示意他模仿小组中一个（也可能是多个）小朋友所做的动作。谁若认为这个小朋友模仿的是自己，就可以原地站立。首先做出正确反应的小朋友就能在下一轮游戏中模仿他人。

你了解大家吗？

年　　龄：6 岁及以上
游戏人数：至少 6 人
游戏时长：大约 5 分钟
游戏材料：3 枚游戏卡

　　所有小朋友坐在椅子上围成一圈。游戏引导员选出两名小朋友，示意他们走到圆圈中间、仔细观察大家。接下来，游戏引导员开始发问，比如："谁更高一些，小林还是丁丁？"被点到名字的两位小朋友立刻站起来，这样大家就可以比较他们的身高了。站在圆圈中间的两名小朋友现在要给出答案，谁率先正确回复，就可以获得一枚游戏卡。接下来，游戏引导员继续提问："谁今天穿了黄色的裤子？"同样，两人中间率先正确回复的孩子能获得一枚游戏卡，第三轮游戏依然以同样的方式进行。游戏结束后，两名小朋友比较各自获得的游戏卡张数，谁的更多，谁就是本场游戏的获胜者。

问题范例：

· 几个小朋友戴眼镜？

· 谁的头发最长？

· 这里坐了几个女孩儿？

· 莎莎坐在哪儿？

· 说出一个穿了红色上衣的小朋友的名字。

谁被变没了？

年　　龄：4 岁及以上
游戏人数：至少 5 人
游戏时长：大约 5 分钟
游戏材料：魔法棒、眼罩

　　游戏引导员挑选一名小朋友扮演魔法师，并递给他一根魔法棒，示意他走到游戏场地的中间。游戏引导员再挑选一名小朋友，用眼罩蒙上他的眼睛。现在，其他小朋友开始在场地中缓慢行走，但当"魔法师"挥动魔法棒说道："天灵灵地灵灵，所有人不许动！"所有小朋友就要站定不动，此时，"魔法师"用魔法棒指向任意一个小朋友，被点到的小朋友要尽快藏到柜子后面（如果游戏在室外进行，则可以藏到树后等）。接下来，"魔法师"请眼睛被蒙住的小朋友摘下眼罩。这名小朋友要仔细地观察，试着找出哪个小朋友消失了，并说出他的名字。下面，"魔法师"再次在空中挥舞魔法棒，念道："天灵灵地灵灵，消失的人，快出来！"听到咒语后，"消失"的小朋友要迅速从藏身之处返回游戏场地。接下来，由另外一名小朋友来扮演魔法师，游戏引导员还要再选出一名小朋友给他蒙上眼罩。

关于我你都知道些什么？

年　　龄：8 岁及以上
游戏人数：至少 6 人
游戏时长：大约 10 分钟
游戏材料：每个小朋友一张纸、一个垫板、一支笔

　　所有小朋友坐在椅子上围成一圈，每人分到一张纸和一支笔。游戏引导员任选一名小朋友，示意他站在圆圈中间，这样大家可以从头到脚仔细地观察他。过一会儿，这名小朋友要找一个地方藏起来。与此同时，其他小朋友按照自己的记忆，迅速地在纸上记下刚才那位小朋友的信息。等大家写完之后，藏起来的孩子重新回到圆圈中间。每个小朋友依次读出自己写下的内容，如果描述正确，就在纸上画一个勾。最后，获得对勾个数最多的小朋友就是本场游戏的冠军。

　　小窍门：引导员可以先让小朋友们站在镜子前，仔细观察自己的身体，这样能让孩子们学会深入了解自己的外貌特征。这种练习不但可以促进孩子的自我认知，还能帮助他们更加细致地观察周围的伙伴。

手帕在谁那儿？

年　　龄：4 岁及以上
游戏人数：至少 10 人
游戏时长：大约 5 分钟
游戏材料：布手帕、眼罩、跑表

　　游戏引导员给一名小朋友蒙上眼罩，并指向另一名小朋友，被点到的小朋友将一块布手帕系在手腕上，然后随着其他小朋友在游戏场地中行走。接下来，眼睛被蒙住的小朋友取下眼罩，并试着找出手帕。

游戏引导员用跑表测出孩子们摘下眼罩找出手帕所需的时间。哪个小朋友会用最短的时间找到手帕呢？

被点到的小朋友可以将手帕……

· 系在鞋带上；

· 别在领子上；

· 轻轻地拿在手上；

· 放在裤子口袋中，但要露出一角。

迅速辨别颜色

年　　龄：4 岁及以上

游戏人数：至少 3 人

游戏时长：大约 5 分钟

游戏材料：彩色骰子、与骰子 6 面颜色相同的折叠宣传页（译者注：每种颜色准备的份数要和参与游戏的小朋友人数相一致）

首先，每人分到 6 张不同颜色的折叠宣传页，接下来，一名小朋友开始投掷骰子，如果掷出的是红色，所有小朋友都要举起红色的折叠页。最快做出正确反应的小朋友可以获得所有的红色折叠页，并把它们码成一摞放好。在下面的游戏中，如果掷骰子的小朋友再次掷出红色，那么就要将骰子递给坐在他左侧的小朋友。游戏以同样的方式继续进行，直到所有的折叠页被分成 6 摞。最后，获得颜色折叠页数最多的小朋友就是本场游戏的大赢家。

小窍门：我们建议让所有小朋友多掷几次骰子，每一次都让小朋友试着说出掷出的颜色。当所有小朋友都能清楚地辨认并说出骰子的 6 种颜色时，游戏就能顺利进行了。

我看到了圆形的东西!

年　　龄：6 岁及以上
游戏人数：至少 2 人
游戏时长：5~10 分钟

这个游戏类似著名游戏"我看到你看不见的东西"。在游戏中，小朋友要仔细观察周围的环境，并选定一样物品。大家只能说出选定物品的形状，而不能说出其颜色。游戏从引导员开始，他可以说："我能看见你看不见的东西，它是长方形的。"接下来，所有小朋友都要迅速地查看四周，然后跑向和游戏引导员所说形状一致的物品，比如黑板。谁先找到了游戏引导员内心所想的物品，谁就能继续游戏并接着说："我能看见你看不见的东西，它是圆的!"游戏以这种方式不断进行，直到孩子们十分满足、精疲力尽。

小窍门：为了让小朋友们学会区分形状，游戏引导员可以在纸上画出圆形、三角形、正方形和长方形，并让小朋友们剪下这些图形。这样，孩子们不单会仔细记住这些形状，还能将它们拿在手中仔细触摸。

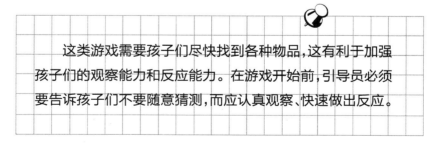

这类游戏需要孩子们尽快找到各种物品，这有利于加强孩子们的观察能力和反应能力。在游戏开始前，引导员必须要告诉孩子们不要随意猜测，而应认真观察、快速做出反应。

它是红色的，而且是圆形的

年　　龄： 5 岁及以上
游戏人数： 至少 3 人
游戏时长： 5~10 分钟
游戏材料： 24 枚游戏卡、啤酒杯垫（或类似的东西）、圆规、直尺、6 支不同颜色的彩笔

　　游戏引导员将 24 个杯垫分为 4 组，每组 6 个，然后在第一组杯垫上画上圆形，在第二组杯垫上画上三角形，在第三组杯垫上画上正方形，在第四组杯垫上画上长方形。然后，小朋友们用 6 种不同颜色的彩笔把所有相同的图形都涂上不同的颜色。接下来，他们把杯垫翻过来，并把它们放在桌子上。引导员任选一名小朋友开始游戏，他要说出颜色和图形的组合，比如"它是红色的，而且是圆形的"。接下来，围坐在桌边的小朋友逐一翻开桌上的杯垫，直到画有红色圆圈图案的杯垫被翻开为止。现在，所有小朋友都要尽快做出反应，用手拍住对应的卡片。动作最快的小朋友可以获得一枚游戏卡。下面，大家重新将杯垫翻回原状（即画有图形的一面朝下），游戏以相同的方式继续进行。在新一轮游戏中，小朋友要说出一种新的颜色和图形组合。当所有的游戏卡被分发完之后，游戏结束。赢得最多游戏卡的小朋友就是本场游戏的获胜者。

缺了哪种颜色?

年　　龄：4 岁及以上
游戏人数：至少 3 人
游戏时长：5~10 分钟
游戏材料：6~8 张不同颜色、大小相同的折叠页（10 × 10 厘米）、眼罩、12 枚
　　　　　游戏卡

　　孩子们将不同颜色的折叠页混杂着放在桌子上，然后选出一名小朋友，其余的孩子都要蒙上眼睛。未被蒙上眼睛的小朋友从桌上取走一张折叠页，并把它藏在桌子下面。现在，其他孩子就可以摘下眼罩了。谁能最先发现少了哪张折叠页、并准确地描述出这张折叠页的特征，这名小朋友就可以获得一枚游戏卡。当消失的那张折叠页重新被放回桌上时，刚才获得游戏卡的小朋友就以相同的方式开始新一轮游戏。当所有游戏卡都被分完后，游戏结束。获得游戏卡数量最多的小朋友就是游戏的获胜者。

游戏的变化形式：

　　1.当其他孩子被蒙上眼睛后，未被蒙眼的小朋友可以再任取一张折叠页放在桌子上。然后其他小朋友取下眼罩，试着以最快的速度找出新添加进去的折叠页。

　　2.在游戏中，引导员还可以互换两张折叠页的位置。谁能找出这两张位置有所变化的折叠页呢?

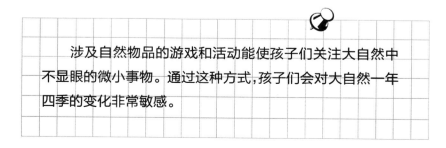

　　　　涉及自然物品的游戏和活动能使孩子们关注大自然中不显眼的微小事物。通过这种方式,孩子们会对大自然一年四季的变化非常敏感。

大自然中的颜色

年　　龄：4 岁及以上
游戏人数：至少 2 人
游戏时长：5~10 分钟
游戏材料：8~12 种大自然中的小物品、颜色骰子

　　游戏引导员在桌子上放 8~12 种大自然中的小物品。一名小朋友投掷骰子并查看掷出的颜色，如果掷出的是黄色，那么他就要从桌子上找出一件以黄色为主要颜色的物品，比如一朵小黄花或一片黄叶。如果他没有找到相应的物品，就要把骰子递给左边的小朋友；如果他找到了，那么就可以得到这一物品，并可以继续投掷骰子。游戏以这种方式继续进行，直到桌上所有的物品都被分发完毕。谁获得的物品最多，谁就是本场游戏的赢家。

　　小窍门：游戏前，小朋友们可以先仔细观察所有的物品，并认真比较它们的颜色。通过这种方式，孩子们会有意识地辨认大自然中的各种颜色并能对它们做出评价。

物品交换

年　　龄：7 岁及以上
游戏人数：至少 6 人
游戏时长：5~10 分钟

　　小朋友们一起到户外去散步，每人的任务是寻找一样自然之物。找到之后，孩子们要先仔细观察这一物品，它们可能是松塔、冷杉针叶、石头或植物的叶片等。接下来，小朋友们围坐成一圈，将找到的自然之物放在面前。游戏引导员选出一名小朋友，并蒙住他的眼睛。与此同时，其他孩子可以按照自己的意愿相互交换手中的物品，如果不想交换，也可以将之保留。接下来，游戏引导员帮助那名小朋友取下眼罩，并请他找出，刚才都有哪些小朋友参与了"换物行动"。他能找出是谁和谁交换了物品吗？如果很难辨别，其他小朋友可以给予帮助。接下来，游戏引导员重新选一名小朋友，请他先仔细观察，然后再给他蒙上眼睛开始游戏。

寻找森林里的小老鼠

年　　龄：3 岁及以上
游戏人数：至少 6 人
游戏时长：大约 5 分钟

　　游戏引导员先选出一名小朋友扮演老鼠，然后在另外一名小朋友耳边轻声告诉他同样扮演老鼠，而剩下的小朋友要分别扮演其他森林动物或草原动物。收到引导员的信息后，小朋友们开始用肢体语言展示自己，比如学兔子蹦蹦跳跳，或像蜗牛一样缓慢爬行。扮演老鼠的小朋友则要像老鼠一样在人群中爬行，并仔细观察、找出另一名扮演老鼠在人群中爬行的小朋友。他能找到自己的同伴吗？等到他顺利找到第二只"老鼠"，游戏暂告一段落。接下来，在新一轮游戏中，扮演其他动物的小朋友，比如扮演在空中飞舞的蝴蝶，就要去人群中寻找另外一只蝴蝶了。

　　游戏变体（适用于年龄稍大的小朋友）：在游戏中，两名小朋友同时扮演两种不同的动物，并试着尽快猜出对方所扮演的动物名称。先给出正确答案的小朋友，就可以在下一轮游戏中接受其他小朋友的挑战。

来人呀，有小偷！

年　　龄：5 岁及以上
游戏人数：至少 5 人
游戏时长：5~10 分钟
游戏材料：6 个不同的小物件（比如一个发夹、一个手镯、一枚硬币、一支镶
　　　　　　有亮片等装饰物的笔、一个小宝石和一颗珠子）

　　游戏引导员将 6 个不同的小物件分放在地上。小朋友们先将所有物品牢记于心，然后面朝墙壁排成一行。当小朋友们全部闭上眼睛，游戏引导员用手轻叩一名孩子的后背，示意他扮演小偷。"小偷"迅速抓起一个物件放在裤子口袋中，然后轻手轻脚地回到自己的位置上。这时，游戏引导员大声喊道："来人呀，小偷偷东西啦！"接下来，所有小朋友转过身来。少了什么东西呢？谁先给出正确答案，谁就能从"小偷"那里拿到失物。拿到失物后，他要将它放回原处，并在下一轮游戏中扮演小偷。

被提到的人是谁?

年　　　龄：5 岁及以上
游戏人数：至少 5 人
游戏时长：5~10 分钟
游戏材料：桌铃、12 枚游戏卡

　　游戏引导员将桌铃放在桌子中间，确保坐在桌旁的所有小朋友都能够到它。引导员先任意选出一名小朋友，这个小朋友要仔细观察大家，并对大家描述其中一名孩子的特征。这时候，猜到答案的小朋友要快速地伸手去按铃。如果他正确猜出被描述的伙伴是谁，那么他就能获得一枚游戏卡，然后新一轮游戏开始。小朋友们依次描述同伴，最后大家清点自己手中的游戏卡，获得游戏卡最多的孩子就是本场游戏的获胜者。

在游戏中触摸、感受和理解

促进触觉感知

触觉可以为我们提供有关周围环境的基本信息，还能帮助我们在黑暗中准确定位。如果触觉感知受到阻碍，孩子们对某些触觉体验就会比较敏感，比如不愿意让其他孩子触碰或拥抱自己。

不同身体部位的触觉敏感程度也是不同的。孩子们仅用手指或手去触摸和感受各种物品远远不够，成人应该更多地帮助孩子调动其他感觉去发现和理解世界，这也正是本章节中游戏所强调的重点。

你摸到了什么？

年　　龄：6 岁及以上
游戏人数：至少 6 人
游戏时长：大约 5 分钟
游戏材料：每个小朋友一个眼罩

　　小朋友们先围成一个圆圈，然后思考自己要以何种姿势参与游戏，比如背对圆圈中央、侧身站立、盘腿坐在地上，甚至是躺在地上。接下来，游戏引导员任选一名小朋友，让他站在圆圈中央，并用眼罩蒙住他的眼睛。现在，这名小朋友以自身为轴旋转两到三周，然后慢慢地走向任意一名小朋友，并伸手触摸。首先摸到的是什么？后背、手臂、头，还是肚子？眼睛被蒙住的小朋友尝试说出摸到的身体部位名称。为了检验答案正确与否，游戏引导员可以摘下小朋友的眼罩。下面，这名小朋友与其他孩子互换位置，游戏重新开始。

　　游戏的变化形式：小朋友们可以围成一个更小的圆圈，并蒙住自己的眼睛。在游戏引导员发出"开始"的指令后，小朋友们就要用肩膀、手指，甚至是脚去触摸自己左侧的同伴。这时，游戏引导员任请一名孩子与大家描述自己碰到了同伴身体的哪个部位。为了检验答案正确与否，游戏引导员可以摘下他的眼罩，并询问他左侧的同伴。当所有的小朋友依次描述完毕，游戏就可以重新开始。

　　上述触摸游戏必须在安静的氛围中进行，并且游戏参与者之间要充满信任。游戏引导员同样要考虑到孩子的底线，某些小朋友还可能会明显表现出的冷淡态度。此外，在游戏中也要禁止粗暴的触碰、掐拧、撞击等动作。

我找你，你找我

年　　龄：4 岁及以上
游戏人数：至少 7 人
游戏时长：大约 5 分钟
游戏材料：两个眼罩

　　所有小朋友围成一圈，游戏引导员轻拍任意两个小朋友的后背，示意他们走到圆圈中间，并用眼罩蒙住他们的眼睛。这两名小朋友以自身为轴旋转几周，然后伸开胳膊去寻找对方。在此过程中，其他小朋友可以施以援手。只要眼睛被蒙住的两个小朋友在缓慢靠近，其他小朋友就可以高呼："温暖！"如果两个小朋友面对面站在一起，那么他们就可以按照引导员的指令用一只手去触摸对方的身体并猜测这是哪里。为了检验正确与否，他们可以摘下眼罩，查看自己是否回答正确。然后他们就可以与另外两个小朋友互换位置，开始新一轮的游戏。

　　小窍门：小朋友们可以按照游戏引导员发出的指令先触摸自己的身体，这样，他们可以对自己的身体有所了解，并能学着叫出不同身体部位的名字。

谁站在你面前?

年　　龄：7 岁及以上
游戏人数：至少 10 人
游戏时长：大约 5 分钟
游戏材料：圆粗绳或几条体操绳、眼罩

　　在这个游戏中，我们需要一条圆粗绳或几条尾部系在一起的体操绳。小朋友们站在圈外，松松地抓住绳子。站在圆圈中央的游戏引导员任点一名小朋友。被点到的小朋友走到引导员身边，并让引导员蒙住自己的眼睛。与此同时，其他小朋友按顺时针方向绕圈慢走。只要眼睛被蒙住的孩子离开圆圈中央，其他小朋友就可以停止不动了。眼睛被蒙住的孩子继续来到绳边，并按顺时针方向沿着绳子继续前行。在此过程中，他会触碰到一个或多个小朋友的手。他可以选择任意一个小朋友，然后仔细地触摸对方。他能说出这个小朋友的名字吗？为了检验正确与否，他可以摘下眼罩查看究竟，并和这个小朋友互换位置，这时游戏重新开始。

　　　　视觉障碍者的触觉和听觉功能都格外出色，因为他们需要灵敏的触觉和听觉来弥补视觉障碍。黑暗中的触摸游戏非常适合让孩子有意识地去触摸、抓取和感受事物，并能促进他们的触觉感知。

手还是脚?

年　　龄：5 岁及以上
游戏人数：至少 2 人
游戏时长：大约 10 分钟
游戏材料：白色纸板、铅笔、黑色记号笔、骰子、眼罩、小红旗、国际象棋棋子、大自然中的各种物品（比如一个小石子、一块儿树皮、一朵花、一片叶子、苔藓、一片贝壳和一个蜗牛壳）

　　游戏引导员将一只手放在纸板上，伸开五指，用铅笔描出手的轮廓，接着在铅笔的痕迹上画出许多紧挨在一起的小圆圈，每隔一个圆圈写上一个大大的"H"，这些小圆圈用来放置国际象棋棋子。接下来，任选一个空白圆圈，并在剩下的圆圈中写上"F"（除了"H"和"F"外，也可以用其他的符号表示手和脚）。

　　任意一个小朋友将棋子放在空白的圆圈中，然后开始掷骰子，并按照投掷出的点数依顺时针方向一个圆圈一个圆圈地移动棋子。如果棋子落在"F"上，那么他就脱掉鞋袜，并让游戏引导员蒙住眼睛。他左侧的小朋友将一件自然之物放在他的面前。现在，如果眼睛被蒙住的孩子用脚去触摸并猜出了这一物品，就可以得到一枚小红旗。下面，轮到他左侧的孩子投掷骰子继续游戏。如果棋子落在"H"上，那么他就要戴上眼罩，用手去触摸面前的物品并给出自己的答案。当棋子重新回到空白圆圈时，游戏结束。小朋友们清点自己获得的小红旗，获得红旗最多的孩子就是本场游戏的获胜者。

感受大自然

年　　龄：7 岁及以上
游戏人数：至少 10 人（人数为偶数）
游戏时长：大约 5 分钟
游戏材料：眼罩、手鼓、触摸的物品（比如一块儿树皮、一个小石子、一个松塔、一片叶子、一些苔藓）、便签纸和笔

　　小朋友们围成内外两个圆圈，两圈人数相同各为一组，且内外圈的小朋友两两面对面站立。外圈的小朋友每人一个眼罩，并用眼罩蒙住眼睛，而内圈的小朋友则分到各种不同物品。下面，鼓声每响一下，内圈的小朋友就按顺时针方向移动一个位置。鼓声停止后，他们就要保持不动，然后把手中的物品递给对面的孩子。接过物品的孩子要仔细触摸并告诉对方他的猜测。如果回答正确，就可以获得一个游戏点数。游戏引导员在便签纸上记下每组获得的游戏点数，然后内外两圈的小朋友角色互换。最后，获得点数最多的小组为游戏的获胜者。

脚丫的体验之旅

年　　龄：5 岁及以上
游戏人数：至少 5 人
游戏时长：5~10 分钟
游戏材料：纸卷、铅笔、剪刀、眼罩、各种不同的材料（比如报纸、软木片、小石子、沙子等）

　　游戏引导员拿出一大张纸铺在地上，并用胶带固定。任意一名小朋友脱下鞋子、踩在纸上，然后迈一步、停一下，待游戏引导员用铅笔描出他的脚印轮廓后，他接着迈出下一步。其他小朋友则在脚印轮廓中贴上各种不同的材料。

　　当 12 个脚印轮廓都贴上一种材料后，另一名小朋友就可以脱掉鞋袜，并让游戏引导员蒙住眼睛，然后走到纸上，慢慢前行，直到脚丫感知到不同的材料。这会是什么呢？其他小朋友可以通过描述材料的特性来帮助他。如果他认出了这一材料，那么就可以取下眼罩并把它交给另外一个小朋友了。

先倾听，再触摸

年　　龄：6 岁及以上
游戏人数：至少 2 人
游戏时长：大约 10 分钟
游戏材料：眼罩、A3 规格的白纸板、胶水、各种不同的材料（比如一小块儿软木、皱纹纸和砂纸等）

　　游戏引导员首先将白纸板放在桌子中间，然后将各种孩子们熟悉的不同材料放在纸板的周围，紧接着蒙住其中一名小朋友的眼睛。现在，坐在他左侧的小朋友在纸板上任意粘上一种材料，然后说出它的名字。接下来，眼睛被蒙住的小朋友用手去触摸，如果他认为自己摸出了被提到的材料，就可以摘下眼罩查看结果。游戏如此继续进行，当所有的材料都被粘在白纸板上，游戏结束。

　　小提示：游戏引导员将粘有各种材料的拼贴图挂在高度适宜的位置上，小朋友们可以按照自己的意愿选择是否闭上眼睛，然后试着去触摸每一样物品。

感觉之环

年　　龄：6 岁及以上
游戏人数：至少 11 人
游戏时长：5~10 分钟
游戏材料：呼啦圈、剪刀、眼罩、柔软的材料（比如棉布、毛线、丝绸、皱纹
　　　　　纸、毛毡等）

　　游戏引导员从线团上剪下几长段毛线，把它们系在呼啦圈上。如果将呼啦圈立起来，这些毛线就像帘幕一样垂下。此外，引导员还要将其他材料也剪成细长条，这样一来每一个呼啦圈上都能系上一种不同的材料。若相临两个呼啦圈上系的都是毛线，那么可以将其中一个呼啦圈的毛线浸湿。接下来，每两个小朋友为一组手持一个呼啦圈，每组间隔 0.5 米，形成一个"通道"。在"通道"中，小朋友要保证呼啦圈紧贴地面并与地面垂直，这样所有系在呼啦圈上的长条就会向下垂落。

　　游戏引导员任意蒙上一个小朋友的眼睛，并把他带到"通道"前。现在，这名小朋友要跪在地上、爬过体操圈。在爬行的过程中，系在呼啦圈上的材料将拂过他的头发、脸颊、脖颈和胸部，当然他也要试着描述自己的感受，比如"这是软的"、"这是湿的"、"犹如丝绒般一样柔软"，或者"真柔滑"。当他爬过所有的呼啦圈后，就可以和另外一名小朋友互换位置，这名小朋友将开始新一轮穿越"通道"的游戏。

　　描述触觉感受可以扩大孩子的词汇量，并加深他们对感知词汇的认知，这样一来，孩子就能更加准确的描述自身的感受。正因如此，我们应该为孩子提供这种触觉游戏。在这些游戏中，孩子们不但可以静下心来专心感知，还能深入地认知和描述事物的特性。

蜡像游戏

年　　龄：7 岁及以上
游戏人数：至少 3 人
游戏时长：5~10 分钟
游戏材料：每小组一个眼罩

　　小朋友们分成几个小组，每组挑选一人扮演蜡像，摆出一个固定的姿势，比如跪在地上、头向下倾、手臂向上伸展等。另外一名小朋友不仅要仔细观察"蜡像"的姿势，还要触摸"蜡像"。接下来，他会得到一个眼罩，并蒙住自己的眼睛。这时，其他小朋友也同样扮作蜡像，只是动作与"原版蜡像"不同，比如只是变换一个手臂的姿势。现在，眼睛被蒙住的小朋友的任务是，通过触摸找出他们与"原版蜡像"的不同。为了检验答案正确与否，他可以摘下眼罩查看，之后就可以将眼罩交给本组中另外一名小朋友开始新一轮的游戏。

随着音乐辨感觉

年　　龄：5 岁及以上
游戏人数：至少 2 人（人数为偶数）
游戏时长：5~10 分钟
游戏材料：每组两张 A3 纸、画师工作服、手指颜料、报纸、胶带、轻柔的音
　　　　　乐

　　每两名小朋友拽着一张报纸，将它平铺在地上，接下来，每组小朋友分到一件画师工作服、两张 A3 纸和手指画所需的其他材料。现在，每组选一名小朋友穿上工作服，引导员将用胶条将画纸固定在他的后背上。然后他坐在或躺在报纸上。接下来游戏这样进行：轻柔音乐响起，另一名小朋友用手指沾上颜料并在纸上画出圆点、波浪线、"Z"字线等图案。与此同时，"背着"画纸的小朋友试着去感受同伴画的是什么。当音乐停止，他要告诉大家自己的猜测，为了检验答案正确与否，可以取下画纸查看。之后两位小朋友互换角色，游戏结束时每位小朋友都可以将同伴的画带回家。

 ## 自然材料拼成的艺术之作

年　　龄：7 岁及以上
游戏人数：至少 4 人
游戏时长：大约 10 分钟
游戏材料：5~6 种自然之物、眼罩

　　　　　孩子们用自然之物拼成一幅画，需要注意的是，物品之间要相互接触。这幅画也许会比较抽象。现在，任意一名小朋友开始游戏，他要仔细观察这幅自然之画，然后自己蒙上眼睛，等待另一名小朋友移走其中一样自然之物。接下来，眼睛被蒙住的小朋友仔细地触摸这幅"画"，找到空缺处，试着猜测所缺的物品并说出它的名字。

他猜对了吗？快取下眼罩看看吧！最后，被拿掉的物品重新归位，接着换另外一名小朋友蒙上眼睛开始新一轮的游戏。

游戏的变化形式：两个小朋友相临而坐，他们面前有 5 样相同的物品。一个小朋友率先用这些物品拼出一幅画，另一个小朋友仔细观察这幅画，然后由游戏引导员蒙上眼睛，试着拼出相同的画。

小狗，把球拿过来！

年　　　龄：3 岁及以上
游戏人数：至少 7 人
游戏时长：大约 5 分钟
游戏材料：垒球、眼罩、枕头

一名小朋友扮演小狗，其他小朋友围成一圈坐在枕头上。扮演小狗的小朋友跪在圆圈中间，并由游戏引导员蒙上眼睛，然后，游戏引导员将一个小垒球滚入小朋友们围坐的圆圈中，与此同时，其他小朋友高呼"小狗，把球拿过来！"

接下来，扮演小狗的小朋友就要四肢着地，动身出发了。他要用手仔细触摸圆圈内的各个角落。只要认为自己触碰到了垒球，他就可以大声地学狗叫，并摘下眼罩。下面，另外一名小朋友接过眼罩，他将是下一轮游戏中的小狗扮演者。

海盗的宝藏

年　　龄：4 岁及以上
游戏人数：至少 3 人
游戏时长：大约 5 分钟
游戏材料：没有盒盖的鞋盒、金色的颜料、毛笔、眼罩、纸币、玻璃球、硬币、小石子

　　小朋友们将金色的颜料涂在鞋盒上，把鞋盒变成"宝藏箱"。现在大家围坐一圈，圆圈中间堆满了各式各样不同的物品——纸币、硬币、玻璃球和一些小石子。小朋友们要仔细触摸这些东西，检验它们的特性。

　　接下来，所有小朋友都分到一个眼罩用来蒙住眼睛。他们在游戏中要扮演海盗，并用各种"宝物"填满自己的"宝藏箱"，"宝物"需要一件一件地放入箱子中。"海盗"们能顺利完成任务吗？还有"宝物"遗落在箱子外面吗？只要游戏引导员大喊"海盗们，快上船！"所有的"海盗"就要摘下眼罩，查看自己抢到的"宝物"。如果他们把重要的"宝物"落在桌子上，而将一文不值的小石子放到了箱子中，那么游戏重新开始。

　　小窍门：如果"宝物"是同样大小的物品，游戏的难度就会增大，小朋友们在触摸物品、区分"宝物"和石子时就要更加投入。

　　为了了解石头、毛线等物品摸起来是什么感觉，孩子们必须将各种物品拿在手中仔细触摸。只有当孩子了解每种物品的特性，他们才能仔细比较物品，并按不同的特性对它们进行分类。

两个相同的物品

年　　龄：5 岁及以上
游戏人数：至少 3 人
游戏时长：大约 5 分钟
游戏材料：眼罩、各种不同的物品（比如小石子、珠子、松塔、纸、铅笔和橡皮，每种物品准备 2~3 个）

　　首先，大家在桌面上摆放几种两两相同的物品，需要注意的是相同的物品不要摆在一起。下面，游戏引导员蒙住一名小朋友的眼睛，眼睛被蒙住的小朋友现在随意去抓一样桌上的物品。一切准备就绪，游戏开始，他要在众多物品中找到另一件相同的物品。如果他认为成功地完成了任务，就可以摘下眼罩查看，如果正确，就可以拿到这两个物品，否则就要物归原处。下面，由另一名小朋友接过眼罩重新游戏。当所有物品都分发完毕后，游戏结束。最后，获得最多组物品的小朋友就是本场游戏的大赢家。

硬的还是软的?

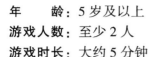

年　　龄：5 岁及以上
游戏人数：至少 2 人
游戏时长：大约 5 分钟
游戏材料：各种软硬不同的物品、手鼓、眼罩，还可以准备一些大小不同的玩
　　　　　具

　　所有小朋友围坐成一圈，游戏引导员用眼罩蒙住大家的眼睛，并给孩子们的手里塞入一件件或硬或软的物品，比如一个玩具汽车、一块儿布等。下面，游戏引导员拿起手鼓、走到圆圈中间，游戏开始。

　　游戏引导员每敲一下鼓，大家就要把手中的物品递给自己左侧的小朋友，只要鼓声一停，传递也就随之中止。这时，小朋友们要仔细触摸手中的物品，然后等待引导员发出口令"谁手里的物品是软的，请站起来"。为了检验正确与否，小朋友们可以摘下眼罩查看。

　　游戏的变化形式：在这一游戏中，我们还可以用大小不同的物品代替软硬不同的物品。如果游戏引导员发出"小"的口令，那么手持小物件的孩子就要站起来。

在游戏中嗅闻、品尝和享用

促进嗅觉感知和味觉感知

　　嗅觉和味觉常常如一个整体，共同发挥作用，比如我们感冒鼻塞时，再去品尝任何东西都会觉得索然无味。

　　在本章节的游戏中，孩子们将学会有意识地感知各种不同的气味，当然，这些气味不仅仅来自于厨房。同时，他们也将练习区分酸、甜、苦、辣四种基本味道，也将认识不同的蔬菜和调料。

春天的气息

年　　龄：4 岁及以上
游戏人数：至少 4 人（人数为偶数）
游戏时长：5~10 分钟
游戏材料：笔记本、彩笔

　　天气暖和时，小朋友可以参加一些户外活动。比如游戏引导员可以将孩子们分成人数相同的两组玩游戏，这两组的任务是分别找到大量有气味的自然之物。在寻找的过程中，孩子们必须仔细观察身边的自然环境。接下来，两组小朋友相对而坐，轮流介绍自己的收获。每找对一个物品，小朋友就可以从游戏引导员那里领到一张纸，并在纸上画出一个鼻子的轮廓。最后，哪组小朋友获得的"鼻子"更多呢？

　　小窍门：闻完一样物品后，小朋友们可以休息片刻，这样才能在接下来的游戏中更好地感知气味。

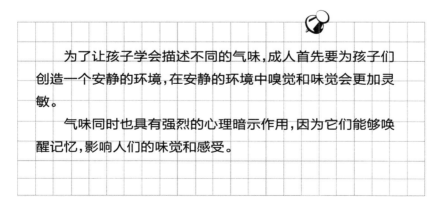

　　　　为了让孩子学会描述不同的气味，成人首先要为孩子们创造一个安静的环境，在安静的环境中嗅觉和味觉会更加灵敏。
　　　　气味同时也具有强烈的心理暗示作用，因为它们能够唤醒记忆，影响人们的味觉和感受。

辨别气味

年　　龄：5 岁及以上
游戏人数：至少 2 人
游戏时长：5~10 分钟
游戏材料：24 个小物品（其中一半要具有明显的气味）、24 个纸杯

游戏引导员先将 24 种不同的物品放在桌子上，孩子们可以通过气味辨别出其中一半的物品，比如柠檬屑、香菜、香葱、苔藓等，然后用 24 个相同又不透明杯子分别盖在这些物品上。

现在，游戏引导员任选一个小朋友随意掀开一个杯子。此时这个小朋友要仔细嗅闻杯子里的物品是否具有明显的气味，然后给出回答。为了检验他的回答是否正确，孩子们都可以闻一闻这一物品。如果回答正确，杯子连同物品就归他所有，否则物品和杯子都要被放回原处。接下来，小朋友依次继续游戏，当 24 个杯子以及杯中物品都各有所属，游戏结束。哪个小朋友猜对的次数最多呢？

嗅闻大赛

年　　龄：4 岁及以上
游戏人数：至少 2 人
游戏时长：5~10 分钟

　　随着游戏引导员一声令下，所有小朋友开始在房间内寻找带有气味的物品，比如开花的植物、香皂或带有香味的纸巾。最先找到物品的小朋友再仔细地闻一闻，并告诉大家他认为这件物品的气味是否好闻，其他小朋友也可以试着闻一闻该物品。本轮游戏结束后，游戏引导员可以带着孩子更换场地继续游戏，比如换到厨房或干脆到户外去。

气味小侦探

年　　龄：3 岁及以上
游戏人数：至少 7 人
游戏时长：大约 5 分钟
游戏材料：棉质毛巾、眼罩、精油（比如柠檬精油或橙子精油）
游戏变化后所需的材料：两个眼罩

　　游戏引导员任选一名小朋友，给他蒙上眼睛，并示意他跪在地上。其他小朋友以他为中心围成一圈，同样跪在地上。现在，游戏引导员在毛巾上滴几滴精油，并把毛巾递给任意一名小朋友。其余的孩子们都领到一块儿没有气味的毛巾。接下来，眼睛被蒙住的小朋友在游戏中扮演小狗，他凭借自己的嗅觉器官，快速地逐一去闻每一块毛巾，并找到滴有精油的那一块。

　　如果他认为自己找到了这块毛巾，就可以学小狗大叫几声，然后与另外一名小朋友互换位置。另一只"小狗"登场啦，游戏如此继续进行。

游戏的变化形式：两名小朋友蒙住眼睛扮演小狗，谁能最快找到滴有精油的毛巾？谁的鼻子更灵敏呢？

香气四重奏

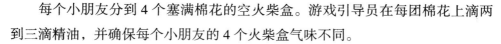

年   龄：5 岁及以上
游戏人数：至少 3 人
游戏时长：5~10 分钟
游戏材料：每个小朋友 4 个空火柴盒或是同样大小的盒子，棉花，4 种不同气味的精油（比如橙子味的、柠檬味的、玫瑰味的和桉树味的），橙色、黄色、红色和绿色的小圆贴

每个小朋友分到 4 个塞满棉花的空火柴盒。游戏引导员在每团棉花上滴两到三滴精油，并确保每个小朋友的 4 个火柴盒气味不同。

接下来，游戏引导员盖好火柴盒，只留一条小小的缝隙，并在每个火柴盒盒底贴上与精油颜色对应的小圆贴。

游戏开始时，所有小朋友都要仔细闻闻手中盒子的气味，他们的任务是透过小缝隙嗅闻到其他 3 种不同气味的火柴盒。第一个集齐 4 种味道火柴盒的小朋友，可以将盒子翻转过来，看看盒底贴的小圆贴是否是 4 种不同的颜色。如果不是，他就要将其中 3 个盒子放回桌子，重新开始游戏。

酸甜苦辣

年　　龄：6 岁及以上
游戏人数：至少 2 人
游戏时长：大约 10 分钟
游戏材料：A3 规格的白纸板、印有酸甜苦辣不同味道食物的广告页、广告页上
　　　　　的食物、盘子、刀子、骰子

　　小朋友们从广告页上剪下 12 张不同食物（味道分别是酸、甜、苦、辣）的图片，并将这些图片放在白纸板上，然后将与图片对应的食物切成小块儿放在盘子中，以供大家在游戏中品尝。

　　现在，任选一名小朋友在白纸板上投掷骰子，直到骰子落到某一张图片上，这名小朋友知道图片中食物的名称和味道吗？为了检验他的回答正确与否，每个小朋友都能获得一小块儿食物。如果他回答正确，那么这一图片就归他所有。然后由坐在他左侧的小朋友以同样的方式继续游戏。当所有的图片都被分发完毕或食物都被品尝完毕，游戏结束。

　　游戏的变化形式：一名小朋友尝试描述图片中的食物，其余的小朋友谁知道他描述的是哪一种食物？这种食物的味道如何？为了检验描述的正确与否，所有小朋友都可以尝尝这个食物。下面，游戏以顺时针方向依次进行。

什么尝起来酸溜溜？

年　　龄：5 岁及以上
游戏人数：至少 2 人
游戏时长：大约 3 分钟
游戏材料：刀、砧板、盘子、骰子、眼罩、酸甜苦辣不同味道的食物（比如葡萄干、香蕉、椒盐花生、撒有盐粒的棒状饼干、柠檬、酸黄瓜、苦柑、口感细腻的黑巧克力）、每个小朋友一杯水

　　游戏引导员先将食物切成小块儿放在盘子中，小朋友们依次投掷骰子，只要投掷的数字为 4，就可以从盘子中取出酸甜苦辣 4 种不同口味的食物。当所有的小朋友都分得 4 种不同味道的食物，游戏引导员开始发问："什么尝起来酸溜溜？"这时，小朋友们要依次指出自己面前的酸味食物。为了检验答案正确与否，小朋友们都要品尝一下该食物，有可能是一小片柠檬，也有可能是酸黄瓜块儿。接下来每个小朋友们喝一口水，让口中的味道尽快散去，然后开始下一轮游戏，直到面前的食物都被品尝完毕。

　　小窍门：早餐和午餐时，小朋友们可以相互交流自己喜欢的食物和饮料。教师们可以充分利用这个好机会让孩子们练习描述自己正在食用的食物味道。

植物苗圃

年　　龄：5 岁及以上
游戏人数：至少 8 人
游戏时长：大约 5 分钟
游戏材料：不同的草本植物（比如罗勒、
　　　　　百里香、香菜和芹菜），两个
　　　　　眼罩

　　两名小朋友出列，其他小朋友每人分得一种植物，分到植物的孩子围成一圈，并用植物组成一个小小的苗圃，游戏引导员要确保每两个相同的植物不能挨在一起。出列的两名小朋友走到圆圈中央，并由游戏引导员蒙住眼睛。接下来，眼睛被蒙住的孩子任意去寻找一名拿着植物的孩子，当触碰到其中一个孩子时，这个孩子就要将手中的植物递到他的面前。这时，眼睛被蒙住的小朋友要借助嗅觉猜出这是哪一种植物。

　　游戏的最后，两名小朋友摘下眼罩，并与另外两名小朋友互换位置，重新蒙上眼睛的孩子站在圆圈中央重复游戏。

　　　　一些草本植物和调料是许多菜品不可或缺的重要配料。它们不但能够提升菜品的味道，还有很多从古时起就被用作草药。比如水田芥有清凉的功效，罗勒能帮助人们减轻压力、舒缓情绪。通过在游戏中接触这些生活所必需的草本植物及调料，孩子们可以记住它们独特的味道，还可以了解它们的重要性。

草药巫师考试

年　　龄：5 岁及以上
游戏人数：至少 6 人
游戏时长：大约 5 分钟
游戏材料：若干彩色头巾、一根扫帚、不同的草本植物、眼罩

　　所有小朋友都围上头巾，扮演巫师，游戏引导员任意挑选一名小朋友扮演"小巫师"。其余巫师以小巫师为中心围成一圈，并从游戏引导员处领到一种他们熟悉的植物。接下来，小巫师的眼睛将被蒙上，还要骑着扫帚沿着大家围成的圆圈"飞行"。与此同时，其他巫师大喊："来了一个小巫师，停下来，转过身！"此时，小巫师就要停下脚步，站在他身旁的巫师要将自己手中的植物递到他的鼻子前。小巫师此时试着说出该植物的名称，如果回答正确，其他巫师们就要大喊："考试通过，干得漂亮！"

　　下面，新晋升为草药巫师的小朋友就要和其他孩子互换位置。如果在游戏中小巫师没有辨别出所闻的植物，那么就要将游戏重复一次。

　　小提示：游戏引导员可以带着孩子将这些植物的枝叶洗干净、捆绑成束，放置在干燥、通风、阴凉的地方。大约两周之后，就可以将它们放在密闭的容器中储存起来。

这里是果园

年　　龄：3 岁及以上
游戏人数：至少 6 人
游戏时长：大约 5 分钟
游戏材料：苹果、梨、眼罩

　　游戏引导员挑选任意两名小朋友，他们每人分到两个苹果或两个梨。另选一名小朋友出列，其余孩子以这两名小朋友为中心围成一个大圆圈，圆圈中的两个孩子则扮演苹果树或梨树。这时，游戏引导员为出列的孩子蒙上眼睛，并将他带到圆圈中任意一处。扮演果树的两名小朋友伸展双臂，一手拿着一枚水果（苹果或梨），与此同时，眼睛被蒙住的孩子要试着找到其中一颗"果树"。当他靠近"果树"时，其他小朋友大喊："温暖！"而当他远离"果树"时，其他小朋友就要大喊："寒冷！"只要他触碰到"果树"，就可以将"果树"上的果子"摘下"拿在手中，并依靠气味来辨别这是哪种水果，然后大声说出这种水果的名称。为了检验自己的回答是否正确，他要使劲咬一口手中的水果，并摘下眼罩。下面，换另外三名小朋友分别扮演果树、蒙上眼睛，游戏如此继续。当所有小朋友都"摘"到水果后，游戏结束。

　　小窍门：最好带小朋友们去参观真正的果园，在那里他们可以观察到水果的生长环境，他们会调动所有的感官来观察掉在地上的果子。这时，如若游戏引导员带孩子们玩上述游戏，就可以加深孩子们对不同水果的认知。

准备水果沙拉

年　　龄：5 岁及以上
游戏人数：至少 2 人
游戏时长：大约 5 分钟
游戏材料：每个小朋友一个眼罩、6 种不同的水果（比
　　　　　　如苹果、梨、香蕉、橙子、橘子和葡萄）、砧板、刀、牙签、盘
　　　　　　子、小碗、柠檬

　　小朋友们洗净水果或削去水果外皮、将它们切成小块儿，并在每一块儿水果上插上一根牙签，然后将它们放在盘子中。

　　游戏引导员蒙住孩子的眼睛，小朋友们依次从盘子中拿起一块儿水果，仔细闻一闻，然后将它放入自己的小碗中。第二轮游戏开始，这次小朋友们要在蒙着眼睛的情况下寻找另一种不同的水果，并将它放入碗中。

　　6 轮游戏之后，小朋友们取下眼罩查看自己的碗中是否是 6 种不同的水果。如果是，那么他们就为可口的沙拉准备好材料了。

　　现在，小朋友们可以往碗中放入更多的水果，这样才能准备一碗美味的水果沙拉。最后，还要将水果上的牙签拔掉，然后再滴入一些柠檬汁。用餐愉快！

　　小提示：如果将熟透了的香蕉、梨子、甜甜的葡萄、微酸的苹果搭配在一起，水果沙拉就已经够甜了，大家尽量不要再加入糖。

我最喜欢的饮料在哪里？

年　　龄：6 岁及以上
游戏人数：至少 2 人
游戏时长：大约 5 分钟
游戏材料：8 种不同的饮料（比如苹果汁、梨汁、樱桃汁、普通矿泉
　　　　　　水、苏打水、凉果茶、凉薄荷茶和凉甘菊茶），带盖的纸杯或塑料杯，吸管，
　　　　　　8 种颜色的小圆贴

　　每种饮料对应一种颜色的小圆贴，比如红色代表樱桃汁、黄色代表苹果汁等。现在，每一个小朋友选出一种自己最喜欢的饮料，并将相对应的彩色小圆贴贴在自己的杯底。接下来，孩子们在自己的杯子中倒入喜欢的饮料，将杯盖盖好，并插入吸管。现在，小朋友们转过身去、闭上眼睛，与此同时，游戏引导员将所有的杯子放在桌子上。如果不足 8 种饮料，游戏引导员就要将所缺的饮料补齐，并在杯子底部贴上对应的彩色小圆贴，然后盖好杯盖，插入吸管。

　　现在，小朋友们要品尝杯中的饮料，并找出自己最喜欢的那一杯，然后摘下眼罩、仔细查看杯底。如果他的猜测正确，这杯饮料就归他所有。如果猜测错误，那么就要将杯子放回原处，重新排队等待品尝的机会。当所有小朋友都找到了自己最喜欢的饮料后，游戏结束。

果汁专家

年　　龄：7 岁及以上
游戏人数：至少 3 人
游戏时长：大约 5 分钟
游戏材料：6 种不同的果汁（比如苹果汁、梨汁、香蕉汁、樱桃汁、菠萝汁和柠檬汁），印有以上水果图片的广告页、6 张纸、剪刀、胶水、6 个配有杯盖和吸管的纸杯或塑料杯

小朋友们从广告页上分别找出不同的水果图片，并将它们粘在纸上。与此同时，游戏引导员向每个杯子中倒入不同的果汁，盖上杯盖，并将它们在桌上排成一排。小朋友们先将粘有水果图片的纸放在桌子上，接下来，每人取一根吸管，依次品尝游戏引导员递过来的饮料。所有小朋友品尝完毕后，游戏引导员将杯子放回原处，并大声喊道："开始拍图！"收到号令后，小朋友们要快速用手拍住相应的水果图片。最先做出正确反应的小朋友就是本轮比赛的获胜者。接下来，游戏引导员再选一种果汁开始新一轮的游戏。

奇异果汁是什么味道？这杯果汁是由什么水果制成的？这些问题能帮助孩子们有意识地研究食物，而有些食物可能是他们在游戏中首次尝到的。

音乐停，品果汁

年　　龄：5 岁及以上
游戏人数：至少 5 人
游戏时长：5~10 分钟
游戏材料：5 种果汁、5 个玻璃杯、吸管、眼罩、呼啦圈、音乐、油彩笔

　　一名小朋友出列，其他孩子每人取一个呼啦圈，并将它们在地上摆成一排或一个半圆。游戏引导员开始播放音乐，所有小朋友随着音乐的节奏绕着呼啦圈回旋奔跑。只要游戏引导员让音乐暂停，小朋友们就要尽快跳到呼啦圈内，没有呼啦圈可跳的小朋友就得让游戏引导员蒙住眼睛。接下来，蒙上眼睛的孩子会分到一根吸管和一种果汁，他要用吸管猛吸一口果汁，然后说出果汁的名字。如果回答正确，游戏引导员就用彩笔在这名小朋友的小臂上画一个粗粗的圆点。下面，游戏引导员继续播放音乐，所有小朋友重复之前的游戏。当每个小朋友的小臂上都至少画有一个圆点时，游戏结束。

　　游戏的变化形式：游戏流程和规则不变，但眼睛被蒙住的小朋友品尝的是由两种果汁制成的混合果汁。他能凭味道辨别出这两种果汁吗？如果可以，游戏引导员就在他的小臂上点一个圆点。

在游戏中拉拽、按压和开发身体感觉

促进动觉感知

动觉系统和本体感觉系统也被称作肌肉运动系统,可分为方位感、运动感、力量感和拉伸感。动觉感知通常是在无意识的状态下进行的,与前庭认知关系紧密。比如,孩子在纸上写字时用力过小或运动时动作不协调,就说明他的动觉感知出现了问题。

本章节的游戏将有助于孩子构建良好的运动模式,开发孩子的空间感,并有助于孩子在空间中定位。同时,这些游戏还能促进幼儿自我认知和自我控制,而这两者正是我们日常所必需的能力,确保身体活动顺利进行。

小马车快快跑

年　　龄：3 岁及以上
游戏人数：至少 7 人
游戏时长：5~10 分钟
游戏材料：滑轮板或地毯块、体操绳

　　两名小朋友出列，其他小朋友围成一个大圆圈，游戏引导员请这两名小朋友拿起滑轮板和呼啦圈走到圆圈中。这时，请一名小朋友抓住体操绳的两端，而另一名小朋友盘腿坐在滑轮板上，用手紧紧抓住体操绳的中间部位，小马车就要开始飞驰了。此时，其他小朋友开始唱广为人之的童谣《马儿飞驰》中的一段：

　　蹦呀跳呀，蹦呀跳呀，蹦呀跳呀，马儿飞驰！
　　越过重重障碍，腿儿毫发无损！
　　蹦呀跳呀，蹦呀跳呀，蹦呀跳呀，马儿飞驰！

　　只要歌声停止，小马车游戏就结束了。接下来由另外两名小朋友到圆圈中重复游戏。

　　小窍门：拉马车的小朋友可以先尝试将"马车"从一面墙拉至另一面墙，通过这一练习，他在圆圈中就可以更好更快地掌控"马车"了。

搬运桌子

年　　龄： 4 岁及以上
游戏人数： 至少 4 人（人数为偶数）
游戏时长： 大约 5 分钟
游戏材料： 桌子、体操绳

　　小朋友们两人一组，每组一张桌子。小朋友们首先要将桌子桌面朝下翻过来，然后扶着较窄的一边将桌子推到墙边。现在，桌子以足够宽的间距在墙边排成一行。每组小朋友拿着两根体操绳，站在桌子前。

　　游戏引导员一声令下，每组小朋友要将体操绳拴在前桌腿上，并将绳子固定牢，这样他们就可以拉动桌子。最先将桌子拉到对面墙边的小组就是游戏的获胜者。接下来，小朋友们可以重复这一游戏，在这轮游戏中，他们要用同样的方式将桌子拉回起点。

　　游戏的变化形式： 将桌子翻转过来、在墙边排成一行，每组小朋友都跪在桌子后面。随着游戏引导员一声令下，每个小朋友抓起一个桌腿，尽快将桌子推到对面墙边。

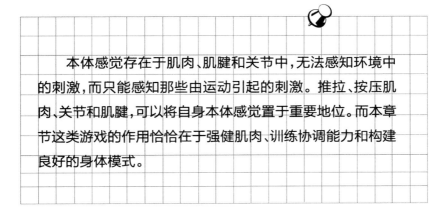

　　　本体感觉存在于肌肉、肌腱和关节中，无法感知环境中的刺激，而只能感知那些由运动引起的刺激。推拉、按压肌肉、关节和肌腱，可以将自身本体感觉置于重要地位。而本章节这类游戏的作用恰恰在于强健肌肉、训练协调能力和构建良好的身体模式。

拖车服务

年　　龄：5 岁及以上
游戏人数：至少 4 人（人数为偶数）
游戏时长：5~10 分钟
游戏材料：地毯块（或泡沫垫）、锥筒、跑表

　　游戏引导员先将锥筒依次按序摆放好，锥筒之间要留有足够的间距。半数小朋友背靠墙壁坐在地毯块上，剩下的小朋友选择自己的同伴并站在他面前，坐在地毯块上的小朋友将手递给自己的同伴。随着游戏引导员一声令下，站着的小朋友就要拖起地毯块，拉着坐在上面的小朋友在摆放好的锥筒间依次穿梭。在第二轮游戏中，小朋友们要尝试以更快的速度完成任务。接下来，每组的两名小朋友互换位置，重复游戏。

站点游戏：拉拽和挤压

年　　龄：5 岁及以上
游戏人数：至少 2 人（人数为偶数）
游戏时长：大约 10 分钟
游戏材料：体操凳、呼啦圈、麻袋、滑轮板

　　游戏引导员在体操房或房间内设置若干站点，并在每一站点放置不同的游戏材料。如果是多组小朋友参与游戏，那么建议设置多个一样的站点，游戏引导员当然可以随时将自己的想法补充进去。

　　体操凳站点：两名小朋友站在两个体操凳旁，然后俯身趴在体操凳上。然后伸开双臂向前移动身体。当他们相遇时，就要将手递给对方，然后手拉手站起来。

　　呼啦圈站点：两名小朋友面对面站在一个呼啦圈内，他们要试图通过推压将对方挤出呼啦圈。只要其中一名小朋友处于呼啦圈外，游戏就此结束。

　　麻袋站点：一名小朋友躺在地上，另一名小朋友跪在麻袋上。躺在地上的小朋友借助双手移动身体，试图将自己移向跪在麻袋的同伴。之后二人互换角色。

　　轮滑板站点：一名小朋友盘腿坐在房间角落里的滑轮板上，另一名小朋友在背后推他，这样滑板上的小朋友就可以沿着墙边向前滑行。当他们到达另一个边界时，两人就可以互换位置。

森林工

年　　龄：5 岁及以上
游戏人数：至少 4 人
游戏时长：5~10 分钟
游戏材料：2 到 3 个手推车

　　游戏引导员带领小朋友来到森林中，小朋友们分成两组或三组，扮演森林工。每组小朋友分到一个手推车，他们要在 5 分钟内找到大量的自然之物，并将它们放在手推车里，然后推着手推车快速返回原处。哪组车中的物品更多呢？

　　游戏的变化形式：在寻找物品时，每组小朋友都要找一个大树枝，并将它们运到事先约定好的碰头地点。哪组小朋友找到的树枝更大呢？

手、手指和脚

年　　龄：6 岁及以上
游戏人数：至少 6 人
游戏时长：大约 5 分钟
游戏材料：手鼓

　　所有小朋友随着鼓点的节奏在室内行走。鼓声一停，他们就要静止不动，好像石化了一般。这时，游戏引导员可以任意举起几根手指，比如五根手指，并大喊："五根手指！"接下来，每五个小朋友组成一个圆圈，并用手指相互触碰对方。最先做出正确反应的小组就是本轮游戏的获胜者。之后鼓声继续，所有小朋友继续跟随着节拍在室内行走。

　　游戏的变化形式：游戏规则不变。但需要游戏引导员在停止击鼓时，随意说出 2 至 5 中任意一个数字。引导员说出的数字是几，几个小朋友就要聚在一起，并以任意一种方式与对方相互接触。

你要去哪儿啊?

年　　龄：4 岁及以上
游戏人数：至少 6 人
游戏时长：大约 5 分钟
游戏材料：麻袋、眼罩

　　游戏引导员邀请一名小朋友出列，其他小朋友盘腿在地上围坐成一圈。出列的那名小朋友躺在圆圈中间的麻袋上，并由游戏引导员蒙住眼睛。然后他要借助双脚向前移动身体，他的头部指示行进的方向。

　　只要他靠近圆圈中任意一个小朋友，其他小朋友就要高喊："温暖!"当听到其他小朋友高喊"炎热"时，他就要静静躺在麻袋上，不再移动。此时，他就在一名小朋友面前，伸出手就可以触碰到这名小朋友身体上任意一个部位。蒙着眼睛的孩子现在要试着说出触碰到了别人身体的什么部位，然后摘下眼罩，检验自己的回答正确与否。如果回答正确，这两名小朋友相互交换位置，否则，躺在麻袋上的小朋友要重新回到圆圈中间重复游戏。

气球,气球,别落下!

年　　龄：6 岁及以上
游戏人数：至少 5 人
游戏时长：3~5 分钟
游戏材料：气球、手鼓

　　游戏引导员根据参与游戏的小朋友的人数，吹一定数量的气球并系好（最多为 3 个）。小朋友们围成一圈，用不同的身体部位相互传递气球。在传递过程中，注意不要让气球落到地上。将气球落在地上的小朋友，必须交出一件物品作为惩罚，比如一只鞋子、一个发卡或者一条围巾。在第二轮游戏中，小朋友们用两个气球重复游戏，而在第三轮游戏中甚至可以用三个气球重复游戏。游戏结束时，小朋友们可以赎回自己输掉的物品，赎回的方法很简单：用不同的身体部位将气球击向空中十次并重新接住气球。

　　在上述游戏中,孩子能在运动和静止状态下有意识地感知自己的身体,并学会主动地评价自己的运动能力,此类游戏同样能够增强孩子的方位感和运动感。我们应尽可能多地将此类游戏引入到孩子的日常教育中来,因为它们能够促进孩子的空间方位认知,而这一认知正是数学认知的基础。

蛇形运动

年　　龄：5 岁及以上
游戏人数：至少 5 人
游戏时长：大约 5 分钟
游戏材料：手鼓

　　所有小朋友排成一列，随着鼓点的节奏在室内行走。鼓声一停，他们就要保持静止，并等着游戏引导员说出一个身体部位。如果游戏引导员说出"肩膀"，当鼓声继续响起时，所有小朋友就要抓住自己前面孩子的肩膀，并踩着节拍像蛇一样在室内穿行，直到鼓声再次停止时原地站定。当所有小朋友静止不动时，站在队首的小朋友就要迅速跑向队尾，并说出另外一个身体部位的名称，比如后背。此时，所有小朋友要抓住自己前面孩子的后背，随着鼓点的节拍在室内穿行。游戏以相同的方式不断继续，直到所有的小朋友都当过队首。

　　小窍门：如果参与游戏的小朋友年龄较小，那么可以分成几个小组小群体游戏会更适合他们。

破茧为蝶

年　　龄：4 岁及以上
游戏人数：至少 5 人
游戏时长：大约 5 分钟
游戏材料：手鼓、音钵

所有小朋友在地上围坐成一圈，扮演茧壳中的毛毛虫。游戏引导员在手鼓上轻轻地敲击，与此同时，小朋友们用尽全力做出冲破茧壳状：他们要握紧拳头、伸直手臂，然后从一侧慢慢站起来。当手鼓声越来越响时，他们就冲出了茧壳——可以双脚分开与肩同宽站好，也可以先选择一个舒适的姿势，然后保持上身平直，将手臂伸到头部上方，并以此姿势保持站立。当游戏引导员敲响音钵时，他们就要缓慢吸气，并随着音钵越来越轻的声音慢慢地放下胳膊，蝴蝶出现了！在此期间，他们持续缓慢均匀地呼气。接下来，所有小朋友随着鼓声缓慢的节奏上下摆动手臂，像蝴蝶一样在室内"飞翔"。

小窍门：印有毛毛虫和蝴蝶的图片可以让小朋友更加明白动物的运动方式。

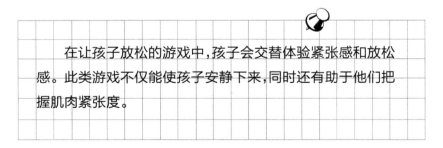

在让孩子放松的游戏中,孩子会交替体验紧张感和放松感。此类游戏不仅能使孩子安静下来,同时还有助于他们把握肌肉紧张度。

攥紧拳头

年　　龄：5 岁及以上
游戏人数：至少 1 人
游戏时长：大约 5 分钟
游戏材料：手鼓

　　所有小朋友随着缓慢的鼓点节奏在室内来回交叉穿行。一旦鼓声停止，每个小朋友都要找到一个同伴，两腿分开站在他面前。此时，小朋友们开始在原地轻轻跳动，同时保持上身平直，并将胳膊拉紧伸直，与肩平齐，然后攥紧拳头。大约 5 到 10 秒钟之后，游戏引导员敲击一下手鼓，此时小朋友们轻抖手指 30 秒来放松自己。接下来，游戏引导员继续敲击手鼓，小朋友们离开自己的同伴，随着鼓点节拍再次在室内穿行。游戏以同样的方式重复两次，结束后小朋友们围坐成一圈，相互交流小臂、手和手指绷紧时的感觉如何？放松时又是一种什么感觉？此外，小朋友们一定还知道其他可以紧绷和放松的身体部位，是哪里呢？

哪个重，哪个轻？

年　　龄：6 岁及以上
游戏人数：至少 1 人
游戏时长：大约 5 分钟
游戏材料：大自然中的物品、小石子

　　小朋友们一起去野外散步，每个人的任务是寻找一件自然之物。接下来，所有孩子围成一圈，一个小朋友向大家展示自己找到的物品，并从其他孩子手中寻找另一样明显要比手中之物更重或更轻的物品。之后他伸展双臂，将两样物品分别拿在手中，就好像天平一样，然后大声告诉大家哪个重、哪个轻？为了检验他的回答正确与否，另一件物品的主人也要比较一下两件物品的重量。如果回答正确，第一个比较的孩子就能得到一个小石子，并与另一件物品的主人交换位置，否则他就要退回原位。下面，游戏引导员请另一名小朋友继续游戏。当所有小朋友手中至少有一个小石子时，大家就要比较这些石子的重量，找出其中最重和最轻的石子。

　　两手各持一件物品比较重量的游戏能使孩子们的力量感更为敏感。

障碍重重的公路

年　　龄：5 岁及以上
游戏人数：至少 1 人
游戏时长：大约 5 分钟
游戏材料：每个小朋友一个地毯块（垫子）、一个空卷纸筒和一个橡胶圈，锥筒游戏引导员将锥筒分散放在房间内。小朋友们坐在垫子上，模拟坐在汽车中的情景。他们右手拿一个空纸卷筒当作汽车操纵杆，左手拿一个橡胶圈当作方向盘。两件物品重量不同，小朋友们必须确保握紧"方向盘"和"汽车操纵杆"，并将双脚放在垫子前，借助双脚使自己向前移动。在前移的过程中，他们也会遇到障碍（锥筒），大家必须要敏捷地避开这些障碍。几分钟后，小朋友们相互交换垫子和手中的物品，换辆"车"开。

滑雪换物

年　　龄：5 岁及以上
游戏人数：至少 6 人
游戏时长：大约 5 分钟
游戏材料：地毯块（垫子）、小物品、舒缓轻柔的音乐

每个小朋友取两块垫子和两个小物品，比如手指玩偶或是塑料按摩球。接着，大家在室内分散开来，将垫子并排放在地上，然后两只脚各踩在一个垫子上，一手拿一样物品。当游戏引导员开始播放轻柔舒缓的音乐时，小朋友们就可以"滑雪"了，也就是分别用两脚向前移动垫子。如果两个小朋友滑雪时相遇，那么他们就要相互交换手中的物品。当音乐结束时，游戏也随之结束。

月亮和太阳

年　　龄：4 岁及以上
游戏人数：至少 3 人
游戏时长：大约 5 分钟
游戏材料：小毯子、音钵

　　小朋友们两人一组，每组小朋友取一张小毯子，在室内找一个位置将毯子铺开。其中一名小朋友平躺在毯子上，另一名小朋友两脚分开与肩同宽，双膝微曲站在毯子旁。当游戏引导员敲响音钵时，站在毯子旁的小朋友向上伸直手臂，扮演月亮、同时深吸一口气，然后随着越来越轻的音钵声将双臂缓缓放下。在放下双臂的过程中，他们要缓慢而均匀地呼气。当音钵声消失时，躺在毯子上的小朋友闭上眼睛。大约 10 秒钟后，游戏引导员再次敲响音钵，站在毯子旁的小朋友此时要缓缓向上伸直手臂，扮演冉冉升起的太阳。与此同时，躺在毯子上的小朋友就要"醒来"了。"醒来"的孩子们要攥紧拳头，伸展身体，慢慢从一侧站起来。接下来小朋友们互换角色。

在游戏中旋转和保持平衡

促进前庭平衡感

我们的内耳中不仅有听觉器官,还有平衡器官(也被称作前庭器官)。在保持平衡时,多种器官都会参与进来,其中就包括我们的眼睛。尽管如此,还是有一些孩子在保持平衡方面存在困难,比如上下楼梯时、单腿蹦跳时、踮着脚尖或用脚跟走路时,他们需要花费更多的注意力控制身体。

借助本章节中的游戏,孩子们可以通过蹦跳、攀爬、摇晃、摆动找到平衡这一单词最真实的含义。游戏中也会使用精神运动学的器械,而成人完全可以自己制作类似的器械供孩子练习。

秋千接力赛

年　　龄：7 岁及以上
游戏人数：至少 6 人
游戏时长：大约 3 分钟
游戏材料：秋千、跑表

　　寻找一个游戏场地或室外区域，这个地方要安有一个或是两个秋千。小朋友们平均分为两组，排好队分别站在秋千前。随着游戏引导员的哨声响起，每组排在第一的小朋友奋力向秋千跑去，尽快坐到秋千上，接着荡三次秋千，然后迅速归队，与下一位小朋友击掌接力随即站到队尾。最先完成任务的那一组小朋友就是游戏的获胜者。

　　小提示：如果只有一个秋千，那么两组小朋友可以轮流游戏，游戏引导员记录每组完成游戏所需的时间即可。

　　游戏的变化形式：1.小朋友坐在秋千上，将秋千绳缠绕转圈，直到转不动为止，然后松开，秋千开始逆向旋转。当秋千越转越慢快要停下时，小朋友就要从秋千上跳下，并尽快跑回自己的队伍中；2.小朋友站在秋千上，来回荡三次秋千，然后再从秋千上跳下并跑回自己的队伍中。

汤匙传球

年　　龄：5 岁及以上
游戏人数：至少 4 人（人数为偶数）
游戏时长：5~10 分钟
游戏材料：汤匙、乒乓球

　　小朋友们每人一个汤匙，其中半数小朋友还能再分到一个乒乓球，分到乒乓球的小朋友将球放在汤匙中。游戏开始，汤匙中盛有乒乓球的小朋友开始在室内穿梭，寻找汤匙中没有乒乓球的孩子。如果面前恰好站着一个举着空匙的孩子，那么他就要将自己汤匙中的乒乓球传给这个小朋友。如果在传递的过程中乒乓球掉到地上，那么他就要将球重新捡起，并寻找下一个目标。如果整组小朋友在一定时间内完成游戏、同时没有一个球掉在地上，那么游戏引导员就可以宣布游戏结束。如果有球掉在地上，那么小朋友们可以再尝试一次。

平衡圈

年　　龄：4 岁及以上
游戏人数：至少 3 人
游戏时长：大约 5 分钟
游戏材料：体操绳、杯垫

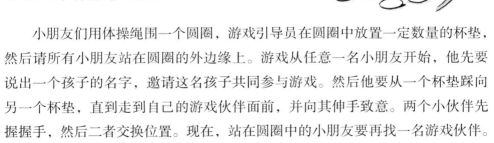

　　小朋友们用体操绳围一个圆圈，游戏引导员在圆圈中放置一定数量的杯垫，然后请所有小朋友站在圆圈的外边缘上。游戏从任意一名小朋友开始，他先要说出一个孩子的名字，邀请这名孩子共同参与游戏。然后他要从一个杯垫踩向另一个杯垫，直到走到自己的游戏伙伴面前，并向其伸手致意。两个小伙伴先握握手，然后二者交换位置。现在，站在圆圈中的小朋友要再找一名游戏伙伴。当所有小朋友都踩过杯垫后，游戏结束。

谁落水了？

年　　龄：5 岁及以上
游戏人数：至少 3 人
游戏时长：大约 5 分钟
游戏材料：体操凳、垫子、小圆贴

　　游戏引导员将体操凳平行放置，凳与凳之间留出一定距离，然后在它们之间铺上垫子（译者注：模拟河流）。游戏引导员选出一名小朋友站在大家对面的一条体操凳上，并向大家展示他的"才能"，比如跪在凳子上、一条腿向后伸直。现在，所有小朋友跟着模仿他的动作，游戏结束时，没有触碰到河流（垫子）的小朋友可以获得一枚小圆贴。接着，轮到另外一名小朋友站在河对岸的凳子上展示动作了。当所有小朋友都做完展示后，游戏结束。最后，大家清点自己获得的小圆贴数量，相信大家都很关注谁的小圆贴最多。

站点游戏：羊角球和平衡半球

年　　龄：5 岁及以上
游戏人数：至少 12 人
游戏时长：大约 10 分钟
游戏材料：8 至 12 个平衡半球、3 至 4 个羊角球、2 至 3 个体操绳、长跳绳、锣

　　小朋友们分为 4 个人数相同的小组，每组 3 至 4 人。如果游戏人数超过 16 人，那么可以重复设置多个站点或补充一些新的站点。现在每组小朋友走向一个站点，然后做如下练习：

　　平衡半球站：小朋友们踩在平衡半球上向前滑行并保持平衡。
　　羊角球站：小朋友们每人坐在一个羊角球上，然后在圆圈内跳来跳去。

体操绳站：游戏引导员将几条体操绳的端头系在一起，并将它们拧成一根大粗"麻花"，然后将之放在地上。小朋友们试着依次在大粗"麻花"上行走并保持平衡，大家可以一步接一步地慢慢行走以确保脚不落地。

跳绳站：两个小朋友摇绳，其他孩子可以试着一边单腿跳绳一边原地旋转。一会儿之后，摇绳的小朋友和其他小朋友交换位置，这样他们也能参与跳绳游戏。

2至3分钟后，游戏引导员敲响锣，每组孩子重新选一个站点。当大家玩遍所有站点后，游戏结束。

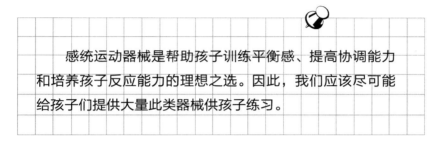

感统运动器械是帮助孩子训练平衡感、提高协调能力和培养孩子反应能力的理想之选。因此，我们应该尽可能给孩子们提供大量此类器械供孩子练习。

平衡板掷球机

年　　龄：7 岁及以上
游戏人数：至少 6 人
游戏时长：大约 10 分钟
游戏材料：体操绳、垒球、平衡板

　　一名小朋友站在平衡板上，其他小朋友手持系在一起的体操绳并围成一个大圆圈。大圆圈将站在平衡板上的小朋友围在中间，现在小朋友们把体操绳放在地上，并站在绳子上。游戏从平衡板上的小朋友正对面的孩子开始，他要将手中的垒球扔向平衡板上的小朋友。平衡板上的小朋友能在保持平衡的状态下接住垒球吗？如果可以，那么站在绳子上的小朋友们就要侧身顺时针移动一人位置，同时保持平衡。这样一来，站在平衡板上小朋友面对的就是另外一名孩子。他要接回垒球并将之重新扔给平衡板上的孩子。游戏以这种方式持续进行，直到平衡板上的小朋友失衡、一只脚踩到地上，或是站在绳子上的小朋友顺时针转完一整圈。这时，平衡板上的小朋友就要和另外一名小朋友互换位置，游戏重新开始。

　　游戏的变化形式：在森林中小朋友们两人一组，其中一名小朋友站在树枝上，另外一名小朋友站在距离他两米左右的地方向他掷球。如果球被顺利接住，那么站在树枝上的孩子就要原地旋转一圈，然后将球扔回自己的同伴，并与之互换位置。如果没能接住，那么重新尝试一次吧。

长颈鹿、鹤鸟还是青蛙？

年　　　龄：4 岁及以上
游戏人数：至少 3 人
游戏时长：大约 5 分钟
游戏材料：手鼓

　　所有小朋友踏着手鼓的节奏在室内模仿鹤鸟单腿蹦跳。鼓声一旦停止，孩子们就要单腿站立，静止不动。游戏引导员可以为能单腿站立 10 秒左右的小朋友颁发奖品。游戏如此继续进行。

其他运动形式：

　　所有小朋友模仿长颈鹿，踮起脚尖随着手鼓的节奏在室内穿梭。鼓声一旦停止，他们就要踮着脚尖静止不动。

　　所有小朋友随着鼓声的节奏在室内像青蛙一样蹦跳。鼓声一旦停止，他们就要蹲在地上，并用双手撑地。

爬树摘苹果

年　　龄：5 岁及以上
游戏人数：至少 5 人
游戏时长：大约 5 分钟
游戏材料：人字梯、篮子、苹果、粗麻绳、跑表

　　游戏引导员选择一根粗壮的树枝，然后用粗麻绳将装有苹果的篮子固定在树枝上。此外，引导员还要将人字梯放在篮子旁边，并将小朋友们分成人数相同的两组或三组。现在，第一组小朋友站到梯子前开始游戏。小朋友们轮流爬上梯子，从篮子中取一个苹果。同时，游戏引导员开始计时，计算小组中所有小朋友爬上梯子、取到苹果，一直到返回原地累计所用时间。接下来由第二组小朋友开始游戏，他们要试着用更短的时间完成任务。

　　小窍门：如果是年龄较小的孩子参与游戏，游戏引导员可以将篮子挂在离地面更近的位置上，这样小朋友们在爬梯子取苹果时就不用爬得过高。此外，游戏引导员还要在孩子们攀爬时提供相应的帮助。

绳索平衡游戏

年　　龄：3 岁及以上
游戏人数：至少 5 人
游戏时长：大约 10 分钟
游戏材料：跳绳、舒缓轻柔的音乐

　　每个小朋友取一根跳绳，然后将跳绳在地上摆成圆形、三角形、波浪线等图案。接下来，游戏引导员开始播放音乐，小朋友们要随着音乐的节奏在自己的跳绳上慢慢行走、保持平衡。当音乐停止时，小朋友们互换位置。

　　当小朋友们重新站在绳子上时，游戏引导员重新开始播放音乐，孩子们依然要随着音乐的节奏在绳子上保持平衡。游戏以同样的方式持续进行，直到所有的孩子走过所有的绳子为止。

　　游戏的变化形式：每次音乐停止时，所有小朋友都必须在绳索上静止不动，就像被施了定身咒一样。仍然在动的小朋友在下一轮游戏中还要继续站在自己的绳索上，而其他小朋友则交换位置。

平衡之路

年　　龄：5 岁及以上
游戏人数：至少 1 人
游戏时长：10~20 分钟
游戏材料：大自然中的各种物品

　　小朋友们在森林中寻找各种大自然中的物品，比如长木棍、大大的叶子、苔藓、栗子等，然后将自己找到的物品按顺序一个接一个地摆在地上，形成一条特殊的小路。接下来，小朋友们轮流在"小路"上行走，谁能在通过"小路"的过程中脚不触地？下面，小朋友们互换位置，尝试走一下其他小朋友铺好的"小路"。

　　小窍门：小朋友们可以先围成一圈，用放大镜仔细观察自己找到的"宝物"。这样他们很快就能找出，哪些物品更适合用来"铺路"。

森林中的活动场所

年　　龄：3 岁及以上
游戏人数：至少 3 人
游戏时长：大约 10 分钟
游戏材料：攀登索、吊床、走绳设备、跳跳袋、跳绳等

小朋友们在森林中搭建如下活动设施：

·将绳索固定在一个粗壮牢固的树枝上；

·将吊床固定在两棵树之间；

·利用走绳或树干作为练习平衡的工具；

·使用跳跳袋，这样孩子们就可以绕着树跳来跳去；

·此外还可以用大自然中的物品在地上铺一条特殊的"平衡之路"。

如果所有小朋友都能尝试上述所有游戏，那么这一游戏就与"站点游戏：羊角球和平衡半球"相类似。在这类游戏中，孩子们可以分成几个小组按序尝试每种游戏。当听到游戏引导员的指令时，每一小组就要选择一个新的游戏。

　　小窍门：每个小组中不仅要有年龄较小的孩子，同时也必须有一些大孩子，他们可以在游戏中充当引导者。

　　小提示：固定走绳和吊床时，需要选择树干粗壮的大树，同时在固定走绳及吊床时也不能伤到树皮。

> 　　小朋友们在户外可以爬树、跳过小水洼或从草堆上滚下来。在上述活动中，成人可以用游戏的方式训练他们的平衡感。正是因为户外活动益处良多，小朋友们应该有更多的机会参与户外活动，而不应视天气而定。

羊角球之舞

年　　龄：6 岁及以上
游戏人数：至少 3 人
游戏时长：大约 5 分钟
游戏材料：羊角球、麻质或篷布面料缝制的跳跳袋（最好配有结实的把手）、背景音乐

　　每个小朋友取一个羊角球或一个跳跳袋，然后在室内分散开来，随着音乐的节奏跳来跳去。但只要游戏引导员让音乐停止，大家就要静止不动。此时，游戏引导员任意指向某一个角落，接到指令的孩子们就要迅速地跳起来，尽快跳到引导员指定的角落。当所有人都顺利到达这个角落时，游戏引导员重新播放音乐，小朋友们随着音乐的节奏再跳回房间各处。

我在跳、你在跑

年　　龄：6岁及以上
游戏人数：至少6人
游戏时长：大约5分钟
游戏材料：大号数字骰子、迷你跳床、垫子、橡胶圈（可用商品广告页替代）

　　游戏引导员在室内一侧安装一个迷你跳床，并在跳床周围铺上垫子。一名小朋友拿着骰子站在跳床旁边，其他小朋友每人头顶橡胶圈背靠墙壁站在跳床对面。现在，跳床旁的小朋友投掷骰子，并大声宣布掷出的数字，然后立刻爬上跳床跳足相应的次数。与此同时，其他孩子也要跑向跳床，如果头顶的橡胶圈不慎掉落，那就必须返回原处重新游戏。在这个过程中，只要跳床上的小朋友停止跳动，其他孩子就必须像被施了定身咒一样静止不动，还在跳动的小朋友就要重新回到起点。接下来，跳床上的小朋友重新投掷骰子。游戏如此继续进行，直到有一个孩子率先跑到跳床边，此时两位小朋友互换位置。

　　保持平衡、跳跃、攀爬、荡秋千以及类似的活动能够满足孩子们运动的需求。包含多种运动刺激的游戏特别适合孩子共同参与，他们能从这类游戏中得到很多乐趣，并训练自己的平衡感。

玩具高跷之舞

年　　龄：5 岁及以上
游戏人数：至少 7 人
游戏时长：大约 15 分钟
游戏材料：玩具高跷、高跷、CD、CD 播放器

　　游戏引导员为每一个小朋友配一对玩具高跷，年龄稍大些的小朋友可以使用正常大小高跷。现在，大家围成一圈，任请一名孩子站到圆圈中间，他要随着音乐的节奏踩在玩具高跷上转圈，也可以原地踏步，或前后移动几步等。其他小朋友则要模仿他的动作，直到游戏引导员让音乐停止。接下来，站在中间的小朋友走向另外一名小朋友，两人互换位置。游戏引导员继续播放音乐的，新的"高跷之舞"表演开始了！当所有小朋友都在圆圈中间表演过自己的"舞步"时游戏结束。

脚踏轮游戏

年　　龄：5 岁及以上
游戏人数：至少 8 人
游戏时长：大约 5 分钟
游戏材料：脚踏轮、橡胶圈（可用商品广告页替代）、手鼓

　　游戏引导员任选两名小朋友并为他们各配一个脚踏轮，其他小朋友每人头顶橡胶圈。当游戏引导员使劲敲鼓时，这两名小朋友就要踩着脚踏轮前行了，而其他小朋友则要头顶橡胶圈在室内穿梭。在此过程中，脚踏轮上的两名小朋友要试图拿到其他小朋友头顶的橡胶圈。大约 5 分钟后，游戏引导员吹响口哨，游戏结束。拿到较多橡胶圈的小朋友就是游戏的获胜者。下面换另外两名小朋友继续游戏。

游戏索引

图书在版编目（CIP）数据

感知觉训练游戏/（德）安德烈亚·埃克尔特著；（德）克劳斯·普特　米尔海姆绘；尹倩译．—北京：中国农业出版社，2014.12

（最受欢迎的德国幼儿游戏）

ISBN 978-7-109-19258-4

Ⅰ.①感… Ⅱ.①安…②克…③尹… Ⅲ.①智力游戏—儿童读物 Ⅳ.①G898.2

中国版本图书馆 CIP 数据核字（2014）第 119361 号

Published in its Original Edition with the title

Wahrnehmungsspiele für Kita，Hort und Schule by Andrea Erkert and illustrated by Klaus Puth

Copyright © Verlag Herder GmbH，Freiburg im Breisgau 2010

This edition arranged by Himmer Winco

© for the Chinese edition：China Agriculture Press

Himmer Winco

本书中文简体字版由北京永固兴码文化传媒有限公司独家授予中国农业出版社。

北京市版权局著作权合同登记号：图字 01-2014-3147 号

本书为幼儿教养辅助参考书籍，其中案例不能替代医学干预。请确保幼儿在成人的照看下完成相关游戏。

中国农业出版社出版

（北京市朝阳区麦子店街 18 号楼）

（邮政编码 100125）

策划编辑　张　志

文字编辑　高梦琼

中国农业出版社印刷厂印刷　　新华书店北京发行所发行

2015 年 5 月第 1 版　　2015 年 5 月北京第 1 次印刷

开本：700mm×1000mm 1/16　　印张：6

字数：102 千字

定价：30.00 元

（凡本版图书出现印刷、装订错误，请向出版社发行部调换）